私はやる

自分の中の
ありあまる富を
発見する方法

I will

The art of discovering
life's riches gracefully

B・スイートランド 著　桑名一央 訳
Ben Sweetland

創元社

I WILL:
THE ART OF DISCOVERING LIFE'S RICHES GRACEFULLY
by Ben Sweetland

Original English language edition published by
Prentice-Hall, Inc., Englewood Cliffs, New Jersey, U.S.A.

装画　出口敦史
装丁　上野かおる

訳者まえがき

本書『I Will』の著者とはあなたはすでにお馴染みであるかもしれない。というのは、本書と一対をなす『I Can』という本がすでに邦訳されているからだ（『私はできる』創元社刊）。

今回は、著者はあなたと一緒に素晴らしい旅に出発しようとしている。それも普通の旅ではなく、成功の旅にである。

まず、この旅は成功のであって、成功への旅ではないことに注意していただきたい。というのは、著者のダイナミックな考え方によれば、成功というものは旅であるべきであって、決して到着地ではないからである。言葉を換えて言うならば、成功による祝福や満足というものは、そこに到達した後ではじめて得られるものではなくて、そこに到達する過程においてあなたに与えられるものなのである。

著者はこの旅を、一歩一歩どのように計画したらよいかをあなたに示している。著者の懇切な手引きによって、あなたはこの本を読みはじめたその瞬間から、人生におけるたくさんの楽しい経験を発見しはじめるだろう。希望を現実に転換し、あなたがこうなりたいと思うひな型にのっとってあなたの人生をつくり変えはじめるだろう。

著者は、単にあなたをこの旅に案内するだけではない。その次の大切な一歩――すなわちあなたを行動に駆り立てるのに必要な一歩を踏み出すための、具体的な方法も提示している。その根本となるものが〈I Will〉――すなわち「私はやる」という精神である。

〈I Can〉と〈I Will〉の関係を、著者は次のように述べている。

「何事かをなしとげるためには、まず第一に、なしとげようとすることをなしとげることができるということを知らなければならない。そしてさらに、その認識を、あなたの目標を達成するのに必要な一歩を踏み出す決意を与えてくれる、私はやるという精神で支えなければならない」

この人生であなたが登りつく高所は、この「私はやる」という精神を、いかに完全にあなたが身につけるかということにかかっているのである。

この本を深く考えながら一度読むことによって、あなたのための機会と幸福の新しい展望が開けるだろう。二回目にこれを読むことによって、あなたの新しい決意にさらに新たな刺激が加えられることだろう。そして、三回目にこれを通読することによって、あなたの最も希望する目標を達成せずにはおれないという、無限の野望が燃えあがるはずである。

桑名一央

目次

第1章 成功は旅である

あなたはこれから、人生で最も重要になると思われる旅をはじめようとしている。これからはじまる心と精神の冒険は、驚きと平易と価値と知恵に満ちた、はかり知れない意義を持つものをあなたに教えてくれるだろう。それには列車も船も飛行機も必要ではない。しかし、人生の宝庫を発見するためのこの旅行は、あなたがこれまでに試みたどの旅よりも生き生きとした、リアルなものとなるだろう。そして、それはあなたにとって終生忘れられないものとなるだろう。

「成功は到着地であるか、それとも旅であるか」という簡単な質問を、一三四〇名の男女に出したことがある。これに対して、九二六名が到着地だと答えた。

このたった一つのドラマティックな質問からでも、成功の峰によじ登ろうと試みる勇気を持っている男女は、ごくわずかしかいない理由がわかろうというものだ。成功を到着地だと見ることは、人に、それに到達するには険しいルートを登らなければならず、その旅は長く苦しいものとなるだろうという感じを与えることになる。もちろんこれは事実ではない。成功は到着地ではない。それは旅なのだ。

もしあなたが、たとえばハワイへの船旅をするとしたら、あなたの楽しみはオアフ島に到着した後だけに与えられるものだろうか。決してそんなことはないはずだ。

まず旅行をしようと決めた瞬間に喜びが湧いてくるだろう。案内のパンフレットをもらいに旅行案内所に行きながらも、旅への期待でわくわくするだろう。旅行鞄に衣類を詰めている時でも、それを着て甲板を歩いているところや、到着した後でどこかのお祭りに出かけた時のことを考えて、ぞくぞくした気分になるはずである。

出発の日には、あなたは早々と船に着いて、気の置けない友人たちと船室に降りていく。航海中は、毎日いろいろな面白い遊びがたくさんあって、それがハワイに着くまで続くのである。あなたが目的地に着いた時にあなたの楽しみは終わるだろうか。とんでもないことだ。あなたを幸福にしてくれるのは、ハワイであなたがすることだけではなく、帰り道にも楽しみはたくさんある。

家に帰り着いた後でも、あなたの本のページは決して閉ざされてはいない。思い出、旅行についての会話、よその土地について知ったいろいろな知識――これらはすべて旅行の素晴らしい成果なのである。

成功を勝ちとることは決して到着地ではない――それは旅なのである。あなたは、成功しようと決めた瞬間からあなたの旅に出るのである。このことは、必ずしも成功の頂点に達した後でなくても、充分に楽しむ機会があることを物語っている。成功への第一歩を踏み出すや否や、あなたは幸福を手にすることができるのである。

これはごくわずかの人にしか理解されていない事実であるが、あなたは、成功への道に出発したその瞬間に、すでに成功しているのである。だから、あなたが成功感を味わうためには、銀行に預金ができるまで待たなければならないわけでもないし、借金が全部なくなっていなければならないわけでもない。あなたは、今すぐ成功者になることができるのだ。

創造することは生きることである

私は趣味に関する、主として心理学的見地からの、多くの論文を書いてきた。私は、創造は私たちの存在の基礎であること——すなわち、私たちは創造物（創造の産物）であること、絶えず創造していなければ、私たちは自然の法則に一致しない、ということを指摘してきた。

成功それ自体は精神の満足にはならない。黄金の壺を抱えて頂上に達することは、一時の喜びを与えるかもしれないが、やがてその人は退屈してしまうだろう。

創造によって達成することこそ、満足を与えるものなのである。だから、創造的努力によって成功への道に旅立つことは、あなたが計画を実行したその瞬間から、あなたの喜びがはじまることを意味する。

ここまできてあなたは、「成功は旅である」という言葉の重要性を理解できたことと思う。この旅は、あなたが「私は出発することに決めた」と本気になって言う時に、いつでもはじめることができるのである。

この本を読むことは、業績、力、指導力――すなわち、あなたにとって、幸福の王国へ出発する準備であると考えてほしい。

それは特別な要求だろうか

あなたがこの本を読むことは、あなたのこれまでの人生の最大の一歩であり、将来においても最も重要な一歩であることを私は望んでいる。

もしあなたが――このもしという重要な言葉を覚えておいてほしい――この本をあなたの人生の最も重要な一歩となるはずという気持ちで受け入れるならば、今私が望んだことは事実となりうるはずである。

これから私は、特別な要求をしようと思っている。

多くの人々は、自己改善の方法について書かれた本を読んでいる。そして読みながら、誰もがこういった本を読んだほうがよいと考えるのであるが、それにもかかわらず人は、その方法を自分自身に当てはめようとは決してしないのである。

本書は、あなたのために特別に書かれたのだと思ってほしい。どの章も、どの節も、どの文章も、どの言葉も、あなたにだけ向けられている。他の人たちのことは忘れることだ。これはあなた一人が向かい合って個人授業を受けており、あなたの目が追う一行一行は、あなた自身の生活に焦点が合わされていると理解してほしい。

さて、ここで特別な要求をしよう。もしあなたが、自分に与えられる本書の原則（方法）を真面目に適用しようと思わないならば、どうかこの先を読むことをやめていただきたい。この本を友人にやってしまうか、もし本屋に返せるものならば返してしまいなさい。

私の他の本の読者から来た数千通の手紙は、私の本が大きな価値があったことをはっきりと語っている。多くの手紙は、その手紙を書いた人の人生に起こった革命的なことについて述べている。しかし一方で、私はまた、何の精神の集中も行わないで本を読んだ人たちもいるという情報も得ている。こういった人たちは、そこには適度で健全な常識が書かれていると思って、それを読むのを楽しんだかもしれないが、彼らは本に書かれている、人を動機づける力（モチベーション）をつかまえることはできなかった。

本書には、実証されなかった、そしてこれからも実証できないような原則は、何一つ書かれてはいない。そこには自分の生活信条と衝突するようなものは何もない。どの助言にも、なぜあなたがそれを受け入れなければならないかという理由と、そうすることによってもたらされる結果とが付け加えられている。

「私はできる」と「私はやる」

失敗と成功の基本的な違いは、一方は私はできないというように考えるのに対して、もう一方は私はできると考えるところにあると言われる。これは部分的には真実である。確かに、成功するためには、あなたは、自分は成功することができるという事実を知らなければならない。これは非常に大切なことである。そして、それは絶対に必要なことである。しかし、あなたが、あることをすることができるということを知ったとしても、あなたがそれをやるぞと決意したことを示すわけではない。

私は、あなたがしたいと心に決めたことは、どんなことでもすることができると断言する。あなたは仕事で高い地位につくことができる。あなたは自分の事業を興して成功することができる。あなたは有名な画家になることができる。あなたは優れた歌手とか音楽家になることができる。あなたは弁護士として、医者として、建築家として高い地位につくことができる。しかし、あなたはやるぞと決意するだろうか。これが決定的に重要な問題である。

わかりやすく説明すれば、「私はできる」という自覚を持つことは、動機づける力であって、いわば鉄砲に弾丸をこめることである。「私はやる」と決意することは、引き金を引くことであって、いわば鉄砲を発射することである。両方の力が必要なのだ。そのどちらかが一つでも欠けると、鉄砲は役立たずになってしまうだろう。

友人のジョンがある時、泣き言を打ち明けるために私を訪ねてきたことがある。彼は自殺しようと思っていたのである。

「私の家族には、私なんかいないほうがよいようです」と彼は嘆いた。そして、「妻の収入がなかったら、私たちは餓死していたでしょう。私が死んでしまえば、わずかだが保険金が入るし、私を養う責任もなくなりますからね」と、悲しそうに付け加えた。

私はこの友人を空いている机の前に座らせて、紙と鉛筆を渡し、それからこう言った。「ジョン、もしある億万長者が君に、今年の終わりまでに借金を全部払い、相当な収入を得るようになったら、一〇〇万ドルあげようという奇妙な提案をしたとしたら、君はどうするかね？」。そして、私はジョンに、時間をかけて、その計画を立ててみることをすすめた。

信じられないことかもしれないが、一時間経った頃には、ジョンは彼自身を再建する最も合理的な計画をつくり上げていたのだった。「なぜそれを実行しないのかね？」と、私は努めてなにげない様子で聞いた。

ジョンはそれを実行した。最近聞いた噂によれば、彼は今ではよい収入を得ており、負債を返してしまっただけでなく、自分と家族のために大変住みよい家も手に入れたそうである。

これはジョンが、「私はできる」という自覚を持ち――すなわち、自分に何ができるかを知っていることを実証した――それを「私はやる」という決意にまで高めたのである。

次に、友人ジョンのケースとは別の興味深い物語を紹介しよう。

メアリー・Jはなかなかよいアイディアの持ち主だった。人と話していても、後から後からいろんなアイディアを出し、そのアイディアを用いた人はいずれも大変うまくいった。しかし彼女は、自分ではそのようなアイディアを少しも用いようとはしなかった。彼女が自分のアイディアを自分で用いるのをぐずぐずしている間に、他の人が後から同じようなことを考えだした、ということもしばしばあったのである。

私は、なぜアイディアを考えだした時にそれをすぐ実行しないのかと、メアリーに聞いてみた。

彼女は私に次々と理由を述べ立てたが、もっともな理由は一つもなかった。

　メアリーを助けてあげようと思っていることを実際に見せるために、私は彼女のアイディアの一つを取り上げて、それを分析することにした。この創造的な女性に、アイディアを利用しない理由を挙げてみるように求めたのである。

「それを実現するほどのお金がないからです」と彼女は答えた。

「そうですか」。私はさらに突っこんでこう聞いてみた。「では今の問題を解決するのに、あなたは何か努力をしていますか」

　彼女は少し考えていたが、やがて大変具合のよさそうな解決案を思いついた。それは、収入の一〇%ほどを残しておくように生活費を切り詰めることであった。そしてさらには、余暇を利用して小金を稼ぐ方法と手段も知っていたのである。

　私は彼女のアイディアを実行に移すいろんなステップについても、いろいろと質問してみたが、どんな質問に対しても、少し考えた後で、もっともらしい答えが彼女からは返ってきた。

　ところで、なぜメアリーは次から次へと出てくるアイディアを、結局他の人に使われるままにしていたのであろうか。

　彼女は「私はできる」の精神は持ってはいるのだが、「私はやる」という決意を持ってはいなかったのである。

　あなたも、私はやるという決意を持ちさえすれば、目標に関する、あらゆる解答が出てくることを知って、きっと驚くにちがいない。

目標を持ち、それを達成することができるということをひとたび知ったならば、次は、私はやる、と決意することである。そうすれば事態は進みだすのだ。まずあなたは、あなたと目標達成の間に横たわっている障害を調べ、明らかにすることだ。そして次に、障害を乗り越え、目標を達成することを可能にする行動計画を立てるのである。後の章で私たちは、この課題についてもっと詳しく研究することにしよう。

人はなぜ失敗するのか

成功の処方箋を見せられると、失敗者は必ずといってよいほど、自分が成功しなかったことを正当化する、あらゆる種類の言いわけを言うものである。

それから、少し懐疑的な傾向のある人からよく出る質問はこうである。「何かをしようと思って着手した人が、その後失敗するというのは、あなたの説が間違っていることを証明しているのではありませんか。彼らは、着手する前に『私はやる』という決意を持っていたのではありませんか。もしそうだとしたら、彼らはなぜ失敗したのですか」

あなたが長期の自動車旅行に出かけようとしていると仮定しよう。その旅の成功を保証するためには、あらゆる点について準備をしておかなければならない。まず、車が最適の状態になっているように、タイヤ、エンジン、その他を徹底的に点検するだろう。ブレーキが正しく調整されているかどうかも調べるだろう。事故が起こらないように、注意深く運転するように体調にも気をつけるだろう。着ていく服、持っていくお金の総額――こういったことも気をつけて考えるだろう。もうおわかりになったことと思うが、あなたは、旅行に出るということに関して、「私はやる」という態度を持つだけではなく、それがうまくいくために必要なあらゆる準備をするわけである。

どんな失敗にも理由があるものである。運命の車輪がその人の脇を素通りしたからでもなければ、その人が成功するように運命づけられていなかったからでもない。それは、何らかの点で彼が、成功に必要なことをしなかったからである。

成功の解剖学

これまでのところで、私たちは、成功の重要な要素は次の三つであることを学んだわけだ。

一　私は成功者になることができると知ること。

二　私は成功者になるぞと決意すること。

三　あなたとあなたの目標の間に横たわっている障害を理解し、その理解に基づいた行動計画を立てること。

したがって、これから述べることでは、(1)私はやるという態度を育てることと、(2)私はやるという態度をうまく支えるには、何を知らなければならないか、そしてどんなことをしなければならないかを知るための、方法と手段を明らかにしようと思う。

あなたは現在の生活に満足しているか

もしこの質問に対するあなたの答えがイエスだったら、この先を読む必要がない。しかし、あなたがそう答えるとは、私には考えられない。もしそう答えるのだったら、この本を読もうと思う理由も実はなかったはずだ。

もしあなたが経済的に成功していないのだったら、もししたいと思うことをまだしていないのだったら、もし人から尊敬される重要な地位にまだ到達していないのだったら、もし新しい毎日がわくわくとした期待とともに始まらないようだったら――その時こそ、あなたが手にしている他ならぬこの本が、夢をかなえてくれる国にあなたを案内する魔法の杖となるはずである。

たとえあなたの人生が期待はずれであったとしても、落胆しなくてよい。たとえ人生の最大の目標にまだ到達できないでいるとしても、喜んでよい。実現しなかった過去の夢に感謝しようではないか。では、いったいなぜこのような過去の失敗に対して喝采《かっさい》するのだろうか。この喝采は、これからやってくる新しい、心をわくわくさせるような経験に対して送られるものである。

私が最も成功したと自負するのは晩年においてである。もし私に対する祝福が三〇年ないし四〇年前にあったのなら、それは今では平凡なものになってしまっていただろう。今だからこそ、毎日毎日、何か新しいことが実現するたびに、心からの喜びに包まれるのである。事実、私は、これから私に起ころうとしている素晴らしいことを予期しながら、若さを保っているわけだ。

成功は旅である

この章のはじめに、あなたは、成功が到着地ではなくて、旅なのだということを理解したはずである。まさにそのとおりで、あなたが幸福になるには、なにも大金持ちになるのを待っている必要はないのである。なぜならば、あなたの心地よさは旅をはじめたその瞬間からはじまるのだから。

あなたは間もなく出発しようとしている。ある面では、あなたにははっきりとその旅の正体がつかめないかもしれない。なにしろあなたは、これまでの人生において、幸福と満足が与えられるような旅には一度も出たことがないのだから。

しかし私の考えでは、あなたがこれからしようとする旅は、決してわけのわからない旅ではない。それは人生そのものと同じくらい現実的なものであるはずである。辞書には、旅とは一つの場所から他の場所に行くことであると定義されている。あなたがしようとしていることもまさにそれだ。あなたは、これまでの平凡な場所から、喜びに満ちた、楽しい、豊饒の王国へと旅立とうとしているのだ。

これまでは私は、あなたが今読んでいる一冊の本として引き合いに出してきたが、実はこれは本以上のものなのである。これを、平凡な人間からあなたを区別する、秘密の知恵を与える手段だと考えることだ。

この最後の言葉は、独りよがりのように聞こえるだろうか。決してそんな意味で言っているのではない。私の人生の最後の数年間に、私は平凡な生活から、若い頃には夢にも見なかったようなぜいたくができる身分になったのであるが、私はそれらの財産を人から相続したのではなくて、そのひとかけらに至るまで、これからあなたに授けようとしている原則を用いることによって手に入れたのである。

この原稿を書いていながらも、書斎の窓を通して、玄関に通ずる道を天蓋《てんがい》のように覆う雄大な樫の木と、それに続いている広い芝生を眺めながら、私はこのうえなく快適で、力に満ちている。私は、自分に与えられた豊かな幸福をあなたにももたらすために、あなたが用いることのできる考えを表現するため、神の力に導かれているのを感じている。

私の気持ちが高揚している理由の一つは、たぶん人々に対する私の愛のせいであろう。おそらく私はあなたに会ってはいないし、これからも決して会うことはないだろうが、私はあなたに、人生に対する新しい熱情と、人生はあなたがつくるものであるという強固な認識と、自分は人生を美しいものにするのだという決意を与えたいと思っている。

人生に必要なものを所有するだけではなく、ぜいたくの分け前にもたっぷりありつくのは、あなたの当然の権利なのである。それは、あらゆる目標の出発点でもあり、終点でもある心の平和をもたらすことを意味している。

そうだ、私の友人であるあなたは、今や旅立とうとしているのだ。それは、あなたがそうしようと思っているのだから、きっと輝かしい旅になるはずである。

この章も終わりに近づいたので、ここで一つの助言をしておこう。次章へ移る前に、この章をもう一度読み返してみることだ。理由は次のとおり。あなたは、まず何が書いてあるのか知りたいと思って、好奇心を持ってこの本を読みはじめたはずである。そして今ではあなたは、この本の行間には、これからのあなたの毎日を素晴らしい、幸福なものにすることができるダイナミックな力がこもっていることを知ったはずである。

この章をもう一度読んだら、しばらく体を楽にして、目を閉じてみることだ。自分は今、旅立とうとしているのだと思いなさい。そして環境に振りまわされる奴隷ではなく、その主人公となる新生活へ入っていきつつある自分をまぶたに描きなさい。あなたを幸福にする、そして自分の近親者も幸福にすることのできるものを手に入れつつある自分を思い描きなさい。

あなたが接する人たちから尊敬と賞賛を受けている自分を思い描くのである。

あなたは、次章に進む用意をしてしまっただろうか。それとも、自分が読んだところにもう一度思いを馳せ、よく考えてみるために、先に進むのをもう一日待ったほうがよいだろうか。それはあなたの判断次第だ。しかし、この瞬間から、あなたと私は本当の友人であるということを覚えておいてほしい。私はあなたと一緒にこの旅に出ようとしているのだ。私たち二人は、手に手をとり、喜びに満ちた思いを抱いて、私たちの乗り物が進むにつれて雄大な展望が目の前に開けるのを、ともに見るだろう。

そうだ、あなたは旅に出ようとしているのだ。

第2章 あなたの旅の地図づくり

まずこれから一〇分間ほど、空想の世界に遊んでいただきたい。

子供の頃、あなたは、空想ゲームをして遊んだことを覚えているだろうか。たとえば、それが「家庭ごっこ」だとしたら、自分が大人だと想像して、努めて大人がするようなことをするのである。その間は、少なくとも想像の中では、すっかり大人になりきってしまうのだ。自分がすっかり成長しきって、大人になったらするようなことをしている自分を見るのである。制限は少しもない。あなたは、想像力の及ぶ限りのあらゆることを経験することができるのである。立派な自動車を買って、乗りまわすこともできるし、使用人を雇って、自由にものを言いつけることもできよう。

さて、今この場で、あなたは、自らの想像力の縛りを解いて、思うままに羽ばたかせていただきたい。

自分は今まさに旅に――「夢が実現する」国への旅に出ようとしているのだと考えなさい。自分は運命によって、完全な幸福と心の平和を享受する持ち主に選ばれているのだと考えなさい。

もしあなたが男性だったら、成功によって自分の妻や家族に生活の快適さとぜいたくさを味わわせることのできる男性をうらやましく思うだろう。使用人付きの立派な家に住み、最新型の高級車を持ち、素晴らしい服を身につけ、旅行するためのお金はふんだんにあって、子供たちを立派な高校や大学にやれるといった身分が……。

もしあなたが女性だったら、有名作家とか人気のあるデザイナーになる夢を抱いているかもしれない。あるいはあなたの夢は、優れた女優としてステージに立ったり、映画やテレビに出演することに向けられているかもしれない。

そうだ、現在この瞬間、あなたは空想の世界に身を置いているのだ。あなたは今や、これまでこつこつと働いてばかりいて、失敗と失望に満ちたものと考えられていた世界から旅立って、あなた自身が心に描いている理想郷に到着しようとしているのである。

あなたの旅の計画

旅行を成功させるには、どんな場合でも、計画がなければならない。船旅をしようと思ったら、まず旅行代理店を訪ねて、周遊しようと思う国々のことを書いた説明書をもらってくるのが普通である。また、予約しようとする定期船やホテルのことを書いた案内書も手に入れるだろう。持っていこうと思う旅行鞄や手荷物その他のことも考えるにちがいない。もしその旅が鉄道旅行だったら、出発時間を考え、帰ってくる列車を決めるために、時刻表を買うだろう。自動車で行く場合だったら、たぶん、地図や道路案内書を手に入れようとするだろう。

言葉を換えて言えば、もしその人が旅慣れていたら、旅先でどんな事態に出会うかをあらかじめ考えて、そのための準備をするはずである。

あなたは今や、あなたの人生で最も胸躍る旅——決して忘れることのない旅に出ようとしているのだ。あなたがこの本を読んでいるこの日は、あなたが本当の人生を生きはじめた日として、自らの記憶に永久に記録されることだろう。あなたはこれまでのすべての経験を、経験しておいてよかったと喜ぶようになるかもしれない。なぜならば、それらは、これから経験しようとするものとは大きく異なっているのだから。

では、これまであなたが学んだことに従えば、あなたは最初にまず何をしなければならないのか。それはもちろん、あなたの旅行を計画することだ。

あなたを励ます意味で——そしてまた心がまえを変えることによって、あなたの人生を変えることができるのを知ってもらうために、次に、一つの実際にあった物語をお話ししよう。

一人の青年（仮名をジョン・グリーンという社会人）が、私の大学の講義を受講していた。ジョンは、給料は少なくて、蓄えもなく、自分の生活さえ意のままにならないために、結婚することなど考えられもしなかった。彼はどうしたら未来の妻や家庭にかかる費用を稼ぐことができるのかわからなかったし、そのことについて思い悩んでもいた。

ジョンが成功者になるのに必要なものは彼自身が全部持っているのだということ、しかしそれはまだ成功者になることができる、という可能性の範囲にとどまっているだけで、実際に成功者としての自分自身を見ることができる開眼の域には達していないのだ、ということを彼に納得させるのは、さして難しいことではなかった。

しかしジョンは、あなたがまさにそうしようとしている旅に出たのである。彼がどういうことをしたかは、あとであなたにその要点を示すつもりなので、今は述べないことにする。ただ、現在のジョンについてほんの少しだけ話しておこう。

ジョンが、自分の心が望むものは何でも選ぶことができる富の世界に住んでいるのだと気づいてからは、人が夢には見るが、めったに実現しない類の人生を築きはじめた。彼は自分にとって理想的な女性を見出したが、自分の家に彼女を迎え入れることができるようになるまでは、彼女に結婚を申し込もうとはしなかった。まず建築家に依頼して、立派な家を建てた。そしてジョンが、優雅な家具を備えたその家に花嫁を迎え入れたのは、それから間もなくのことであった。満ち足りた生活に加えて、ジョンは相当な銀行預金も持つようになった。バミューダ島やヨーロッパへの旅行に妻を何回も連れていったし、クリスマス・プレゼントには豪華なミンクのコートも贈っている。

ジョン・グリーンの経験は、あなたもそのとおり真似ることができるはずである。あなたがどれだけの高所に登れるかを決定する要素はただ一つ——あなたの想像力の規模だけである。これを公式のかたちにして言うならば、次のとおりだ。あなたがそうなりたいと思うように自分自身を見なさい、あなたは自分が求めるレベルに達することができるのだということを知りなさい——そして、これから述べる前提の上に築かれた「私はやる」という精神に従って、あなたの計画を実施させるために必要な、簡単な一歩を踏み出しなさい。

それでは、あなたの旅の計画をはじめよう。最初に、まずあなたはどこに行こうとしているのかを決めなければならない。この質問に答えるためには、あなたの物質的な欲望、健康について改善したいと思っている点、仕事についてこう変えたいと思っている点、などのリストが必要である。

あなたの旅行を計画するにあたっては、あなたは、念入りに、秩序立ててそれに取り組まなければならない。これはあなたの人生において最も重要な旅である。あなたも当然、それを注意深く科学的、計画的に実行したいと思うだろう。

もしあなたが建物を改造したいと思ったら、きっと、その計画をつくるために建築の専門家を呼ぶだろう。そして、建築家はどういう手順をとるだろうか。おそらく彼が最初にすることは、何を完成するべきかを決めることだろう。彼は、自分の改造計画を実行するために、建物から何を取り除かなければならないかを考えるだろう。言葉を換えて言うと、彼は改造にかかる前に、取り去るべきものを取り去る作業からはじめるだろう。

あなたの人生を建てなおす場合にも、このような計画に従わなければならない。あなたは、何を欲するかを決める前に、何を欲しないかを決めなければならないのだ。

私は視覚化することを重視しているので、物事を計画する時はいつも、紙に書き出してみることにしている。先に挙げた建築家の場合でも、おそらく彼は、自分の計画を図面に描かずに建物を改造するようなことはしないだろう。たとえそれが簡単な改造だとしても、製図用紙に念入りに描き上げることだろう。
　だから、私たちは実現したいと思っている目標をリストアップしてみることである。私たちは今、旅行のことをテーマにしているのだから、それぞれの目標を旅のステーション（停車地点）に見立てて考えてみることにしよう。次に示したのは、典型的な目標チャート（一覧表）であるが、これは、前に述べた三つの部門からなっている。これは、あなたには当てはまらないかもしれない。あなたの目標はこれとは全然違うものかもしれないが、先に進む前に、一枚の紙を用意し、それに線を引いて三つの欄に分け、あなた自身の目標チャートをつくってみよう。それがあなたの旅の出発点の役割をすることになろう。

目標

財産	体の状態	仕事
新しい家	よりよい健康	すべての人から尊敬される
立派な家具	体重を減らす（増やす）	指導力がある
素晴らしい新車	記憶力をよくする	仕事上の信望がある
大きな洋服箪笥《だんす》	集中力を強化する	家族から尊敬される
経済的安定	リラックスできる	
	習慣の虜とならない	
	幸福	
	心の平和	

もし遺産がもらえるとしたら

弁護士から連絡があって、大きな遺産があなたに舞いこもうとしていると知らされたとしよう。その手紙には、あなたが相続することになるいろいろな財産のリストが書かれている。それに対して、あなたはどう対応するだろうか。あなたはその手紙を読んで、不用意にもそれを他の手紙のように、ぽいと脇に放り出すだろうか。そんなことはしないはずだ。あなたはそれを読み、それからまた二度、三度と読みなおすだろう。そして、読み返すたびにあなたの感情は高揚していくだろう。

あなたの目標のリストについても、これと同じような対応を示していただきたい。なぜならば、もしそれが正当なものならば、実現できるものであり、実現するはずだからである。

では今度は、あなたの旅のことに話を戻そう。旅に出ることは決まった。あなたが到達する地点には、成功と幸福の新しい地平線が開けているはずである。そこでは、あなたが選んだいろいろな目標――いやそれ以上のものが、あなたを待っていることだろう。あなたは、自分が望むものを手に入れる能力を伸ばし成長していくことで、あなたの視野は成功するという新しいレベルまで高められるだろう。

あなたはこの本のはじめのほうで、成功は到着地ではないということを学んだはずだ。それは旅なのである。

あなたの目標リストについて考えてみても、もしそれらを全部同時に手に入れねばならないのだとしたら、何の面白味もないのではないだろうか。確かにその時は面白いかもしれないが、やがてそんなことは当たり前のことだと思うようになって、あなたはたいした感動も起きなくなってしまうだろう。

もしあなたが成功を旅だと考え、一度に一つずつの目標に到達していくのだったら、あなたは連続したスリルを味わえるはずである。

目標から目標へと到達するにつれて、人生は、楽しみにして待つ素晴らしい出来事の連続へと変わっていくことだろう。

あなたの感情を点検しなさい

さて、ここまで読んできて、あなたはどう感じているだろうか。面白くて終わりまで読んでみたいという感じをお持ちだろうか。もしそうだったら、この章から先は読まないことだ。それは、あなたのために意図されたものを、この本からまだつかんでいないからだ。

あなたは、クリスマスの朝に、たくさんの贈り物を見つけた子供を観察したことがあるだろうか。贈り物の包みを次々と開けていくにつれて、彼の目には言葉では言い表せないきらめきが浮かんでくる。体のすみずみから、嬉しい感情の輝きが発散しているのを、目の当たりに感じとることができる。

もし私が伝えたいことを伝えるのに成功しているのだったら、あなたは今、この子供とまったく同じように感じているはずである。

あなたは読んでいることなどまったく意識しないで、目が熱心に行間を追っていくにつれて、心の目で――さなぎから蝶が生まれ出るように、歓喜に満ちた新しい生活へと入っていく自分自身を見ていることだろう。

おそらくあなたは今日まで、よりよい生活を望みつづけてきたはずだ。しかし、それも今日でおしまい。もはや望む必要はない。もしあなたが正しい精神さえ身につけてしまえば、あなたは未来を知ることができるのである。金の純度をはかる方法を発見した時のアルキメデスのように、腕を高くさしあげて、「しめた！　わかったぞ！」と叫ぶことだろう。

この本の表題となった「私はやる」は、単にこの本の内容を示してそう名づけたのではない。これは、意志の宣言なのである。また、すでに与えられた、そしてこれからも与えられるはずの助言を受け入れて、それに従うことをやり通す決意、つまりあなた自身に対する誓約なのである。

「私はこれまで一〇冊以上の、人を発奮させるのに役立つと言われるセルフヘルプの本を読みましたが、まだ何の成果もありません」と、最近ある人が訪ねてきて、こう言い張った。

私は彼に、あなたは何をしたいと考えているのかと尋ねてみた。しかし彼は、その点になるとまったく曖昧だった。彼がとにかくはっきりさせたことといえば、現在の生活には不満だということだけだった。

これは、自分自身を改善したいと思ってはいるのだが、どう変えればよいかという計画をまだ持っていない人の見本のようなものである。

もしあなたが庭に草花を植えようと思ったら、一握りの種子を持ってきて、手あたり次第に土の上にばらまくようなことはしないだろう。たぶん、まずどんな種類の花を植えたいかを決めるだろう。そしてその条件に合った種子なり苗を求めるだろう。それから、うまく花を咲かせるためにはこうしなければならないという指示書どおりのことをするだろう。

もう一度、建築家のことを引き合いに出すならば、彼はどのように建てるかという細部にわたった計画なしでは、決して建築には取りかからないだろう。彼は前もって、建築に必要な細部の計画を決めてから取りかかるだろう。

あなたにとってはおそらく、将来の人生を計画設計するなどということははじめてのことだと思う。この本の目的は、その計画を立てるあなたを助け、あなたが調和のとれた生活に自信をもって進めるようにしていくことにある。私たちの社会では、生活のためにはお金が必要であるという事実は、このさい問題ではない。高い水準の生活を維持するためには、かなりのお金が必要であろう——あなたはそれを手に入れることもできるのである。しかし、富もそれだけでは幸福の保証にはならない、ということを忘れてはいけない。私が知っている最もみじめな人々の中には、世俗的な富の点では金持ちであるが、人生の精神的な富の点では破産者であった。

あなたは、自分が接するすべての人の賞賛と尊敬を受けたいと思っているだろう。あなたは、人があなたに引きつけられ、あなたのためにいろいろなことをしたいと思うほど、魅力的な人柄を持つようになれるだろう。

あなたは、素晴らしい精神的・肉体的健康を得たいと望んでいるだろう。朝は、はつらつとして目が覚めるようになりたいと思っているだろう。あなたはより若々しくなれるのだし、あなたの顔も心の美しさを反映して、より美しくなれるのである。

ゆっくりと急げ

　ここまで読んできてあなたは、これから先の章を読み進めたいという熱望を抑えきれなくなったにちがいない。あなた自身のために計画された旅に出発するのが待ちきれなくなっていることだろう。しかしあまり急がないことだ。あなたが次章に取りかかる前に言っておくべき重要な助言がある。

　第3章に取りかかるのは、どうか二日ほど待っていただきたい。

　私はあなたに、次のようなことをしてほしいのだ。それは、心にありありと思い浮かべるという練習をすることである。まずあなたの目標をもう一度調べてみる。それから、それらを手にしている自分自身を見るのである。あなたがほしいものが新しい家だとしたら、あなたが住んでみたいと思うような家を、近所にある家の中から探してみよう。モデルハウスとか、売りに出されている家を見てまわるのもよい。あなたが持ちたいと思う家のはっきりした絵を心に描き、そして、そのような家が自分のものになるはずだという考えを心に持つのである。こんな家がほしいなあと思うだけではいけないのだ。あなたはそれを持つ資格があるのだということ、そしてそれは自分のものになるはずだということを知ることが大切なのである。

　高級な新車を手に入れてドライブしたいということなら、自動車がいっぱい並んでいる販売会社や街に行って、いろいろな車を調べてみる。気に入った車を見つけ出して、それから気に入った車が、やがてあなたのガレージに納まるはずだということを知るのである。

家具店を、洋服店を、宝石店を訪問して、あなたがいつもほしいと思っていたものを見——そして今ではそれがあなたのものとなることができ、またなるはずだということを知るのである。

あなたがねらいをつけた目標について、それを所有することができない理由を考えだそうとしてはいけない。人が失敗するのは、成功者となるためにとるべき手段を考えないで、いつもなぜ失敗したかという言いわけを探すことばかりしているからである。一方、人が成功するのは、ある方法が役に立たないとわかったら、そこでやめて失敗を認める代わりに、どうしたら成功するかという別の方法を探すからである。

シカゴに住んでいたある女性は、彼女が住みたいと思っているカリフォルニアに移ることができないという事実を、いつも嘆いてばかりいた。

「あなたはなぜカリフォルニアに移らないのですか」と、私は聞いてみた。彼女は、私が彼女をやりこめようと思って言っているのかと感じて、私を見つめた。そして、なぜ移住ができないのかという理由を長々と述べはじめたのである。

私はこの女性に、なぜカリフォルニアに行けないのかという理由をもっとはっきり述べてくれるよう頼んだ。彼女はたくさんの理由を並べ立てたが、最大の理由は、お金がないということだった。彼女は、カリフォルニアには一人も知っている人がいないし、もしそんなところへ行ったら職を見つけることができないかもしれないと心配している、ということも付け加えた。

私は彼女に、収入を増やして、移転ができるくらいのお金を貯めるいくつかの方法を挙げてみるよう求めた。少し考えた後で、彼女はいくつかの実行可能なアイディアを口にした。さらに私は彼女に、どうしたらカリフォルニアで友人をつくれるか、そして職を得るにはどんな手続きをしたらよいかということを考えてみるよう求めた。かなり考えた後で、彼女はこの質問にも、非常に満足すべき方法で答えたのである。

私はカリフォルニアのサンフランシスコ郊外に長年住んでいるが、ある日この女性から電話をもらった。彼女は、カリフォルニアに移ってきて、すでによい就職先を見つけたことを知らせてくれたのだった。

この女性を引き止めていたのは何であったのか。彼女はそれまで、私はやるという態度を身につけていなかったのである。彼女は、自分のしたいことは知っていたのであるが、私はやるという心がまえはできていなかったのである。

あなたは、自分がこれからはじめようとしている旅――冒険と成功と幸福の国への旅の地図づくりを完成した。

あなたはこれを素晴らしい旅にすることができる。なぜならばあなたは、自分の旅を計画するのに、特別な注意を払ったのだから。

第3章 旅立つための準備

いよいよあなたの旅行鞄を荷づくりする時がきた。あなたが何を持っていくかは、どれだけあなたの旅を楽しめるかに大いに関係がある。

ある若いカップルが、荷づくりするのを急いだばかりに、長い間楽しみにしていた最初の休暇を、すっかり台なしにしてしまった経験を話してくれたことがある。山の中をドライブしていた時に、二人は一頭の大きな母熊が子熊を連れているのを見つけた。「まるで絵を見ているようじゃないか」と、夫は興奮して叫んだ。ところが、妻は「実はカメラを入れ忘れてしまったの」と困った顔で打ち明けた。

頂上からは、下の谷の素晴らしい景観が眺められた。二人はもっとよくそれを楽しみたいと思ったが、そこで、双眼鏡を持ってこなかったことに気がついた。山歩き用の靴も持ってこなかった。

こうして、彼らのいろいろな見落としによって、楽しみにしていた素晴らしい休暇に、絶えず問題を投げかけたのである。

このようなことがあなたに起こってはいけないのだ。あなたは今や、全生涯の中で、最も重要で、素晴らしい旅に出ようとしているのだ。あなたは間違いのないように準備し、あなたの旅行鞄には必要ないっさいのものが詰めこまれていなければならない。

あなたには、これから迎える経験を本当の旅として受け取る心の準備がまだできていないかもしれないから、しばらくの間それについて考えてみることにしよう。

私は、毎朝早く起きて、まず新聞を取ってきて、朝食を食べながらそれを読むことにしている。家から門までは歩かなければならない。ある朝、それはひどく寒い日だったが、朝刊を取りにいくのに上着を着ていくのを忘れてしまった。大変寒かったが、ドアを開いた瞬間、気持ちよい暖かさに迎えられて、ようやく人心地がついたことであった。

この失敗談を、私たちがまさにはじめようとしている旅のたとえとして用いることができよう。

私たちを、骨の折れる仕事や失望、また私たちを困らせる種々雑多な問題の国から運んでくれる、素晴らしい乗り物について考えてみよう。それに乗って、望まなくともどんなことでも満たされ、欲望がもはや、むなしい希望ではなくなる、実現の国へ乗りこもうではないか。このような素晴らしい状態をあなたは思い描くことができるだろうか。もしそうなら、あなたの旅に出発する準備ができていることになる。

どんな荷物を持っていくか

物質的な意味の荷物のことだったら、あなたがその時着ている服だけで、他には何も必要ない。しかし、服装などよりもずっと大事なことがたくさんある。

すでにあなたは、何かをなしとげるには、まずそれをなしとげることができるのだと理解していること、そしてその理解を、あなたの目標を達成するのに必要な一歩を踏み出す決意を与えてくれる、「私はやる」という精神で支えなければならない、ということを学んでいるはずだ。これが真実ならば、あなたの荷物の中身には、どうしても精神的なものを入れていなければならないはずである。だから、これからこの旅行に携えていく必要のあるもの（アイテム）の特質を列挙して、それを吟味してみよう。

◆アイテムの第一は――「私はできる」という精神

何事であれ、それができると知らずにやろうとするのは、意味のないことである。だから、これがあなたの心の鞄に詰めこむ第一のアイテムとなる。

「ではどうしたら、私はできるという態度を身につけることができるのですか」と、あなたは問うかもしれない。それは、あなたが考えるよりもはるかに簡単なことである。あなたが本当にしたいと思うことができるのを実感するためには、考えることだけで充分なのである。

くだらない人たちは、なぜ自分が成功しないかということについて、いつもたくさんの言いわけを用意しているものだ。そして、私が理由と言っているのではなく、言いわけと言っていることにも注意していただきたい。

このような人たちは、「教育の欠如」を口実にするかもしれない。これは全然理由にはならない。夜間学校や通信教育や専門雑誌や大きな図書館やテレビ・ラジオの教育放送などが普及している現代では、たとえ何歳になろうと、補習教育が受けられない正当な理由はどこにもない。また、歴史について教育を受けなかったか、あるいはわずかな教育しか受けなかったにもかかわらず、社会的には目覚ましい業績を残した人たちの事例はたくさんある。

また、自己改善を準備する「時間がない（欠如）」ということを理由とする人たちもいる。これもまた、理由ではなくて言いわけにすぎない。たいていの人は、建設的に用いるよりも、より多くの時間を浪費しているからである。多くの場合、時間の欠如という言いわけは、時間を正しく管理することの欠如を意味している。

「経験の欠如」ということも、物事をなしとげるのに失敗した場合の言いわけとして、しばしば挙げられる。もちろん、これもそのとおりであることはめったにない。ちなみに、仕事外の時間に好きなデッサンや機械のことを勉強して製図技師になった肉屋もいる。仕事外の時間にいろいろな品物を売ることを覚えて、立派なセールスマンになった植木屋もいる。このようなことを考えると、経験というものは、私たちがそれを得ようと決心すれば得られるものだという結論に達するはずである。

もしあなたが、成功と失敗の分かれ目について、一方は「私はできる」という立場から物事を考えるのに対して、もう一方は「私はできない」という立場から物事を考えることにある、という真理を理解さえするならば、「私はできる」の精神はすぐ身につくはずである。

したがって、あなたの鞄に詰めこむ第一のアイテムは、あなたが、本当にしたいと思うことはどんなことでもすることができるという自覚、すなわち「私はできる」の精神ということになる。

◆アイテムの第二は――「私はやる」という決意

これからこの本で、「私はやる」という自覚を身につけるための、簡単でしかも素晴らしい手順を述べていくわけであるが、私たちは、そうするために必要な規範をこの旅に携帯していかなければならない。

「私はやる」という自覚をつくり上げるための最も本質的な要素は、次のものである。

一　幸福であること
二　動機を持つこと
三　克服しなければならない障害を知ること
四　行動計画を持つこと
五　惰性（前からの習慣や癖）を克服すること
六　出発する準備をし、準備ができたらすぐ出発すること
七　継続的に進歩をはかること

幸福であること　この重要性は、どれだけ強調しても足りないくらいである。不幸な時には、精

神は消極的な方向に傾く傾向となる。物事を達成する自分の能力を疑うような気分になる。体の調子もよくないように感じる。ちょっとした仕事でも大変難しく、うんざりしたものに見えてくる。

これに反して、幸福は熱意を生む。幸福な時には、体の具合も調子よく感じるものである。働いている時でも、時間は速く、楽しく過ぎていく。

だから、幸福になることだ。しかし、どのようにして幸福になるのか。あなたは今、そのための最もよい理由を持っているはずである。あなたが欲するものは何でも可能になる達成の国へ、あなたを連れていく旅に出ようとしているからだ。

あなたは今では、なぜ旅行鞄の中に相当量の幸福を注意深く詰めこまなければならないかが理解できたはずである。

動機を持つこと　辞書では、動機を「決意するとか行動するように刺激するもの」と定義している。

たとえ「私はできる」という自覚を持っていたとしても、そうしようという刺激がない限り、あなたは何事も完成することはできないのである。刺激するもののリストを挙げたらきりがない。以下にそのうちのいくつかを挙げるが、あなたはこの他にもたくさん考えだすことができるだろう。

たとえば、私にとっては、「愛」があらゆるもののうちで最大の刺激となる。自分の妻や子供を深く愛している男性として、私は妻や家族のよき理解者となり保護者となることに、大きな愛という刺激がある。また、未婚の男女にとっては、未来の配偶者によい印象を持ってもらおうとするところに愛という刺激がある。

完成へのたゆまぬ「努力」は、常に有力な刺激となる。これまで困難であったり不可能だと考えられていたことをなしとげることができた時には、大きな満足を得ることができる。

指導者となって人から尊敬されたいという「欲望」でさえ、積極的に人を行動へと駆り立てる刺激となる。

将来の安定のための「財産」をつくることであっても、多くの人にその達成に必要な刺激を与えることだろう。

この旅のために、旅行鞄に「私はやる」というアイテムを詰めるにあたっては、自己改善に役立ち、人生におけるよりよい出来事をあなたのほうに引きつけるような、正しい刺激を選択することである。

克服しなければならない障害を知ること　あなたと目標達成の間に障害が横たわっていることがある。さもなければあなたは、自分が欲するどんなことでも、ただ手を伸ばしさえすればそれを手に入れることができるはずである。

あなたと目標達成との間に横たわっている障害を知ることだ。そうすれば、「私はやる」という自覚を身につけることが容易になるはずである。

行動計画を持つこと　一度あなたと目標達成の間に横たわっているあらゆる障害を知ったら、そのハードルが現れても、それを取り除くための具体的な行動計画を立てることが容易になるはずである。そして、このような計画をつくることが楽しみにさえなるはずである。ハードルを超えていくさまを見ることは、他の方法では得られないような躍動感をあなたに与えるだろう。

惰性を克服すること　辞書では、惰性を「同一の状態を保とうとする性質」と定義している。それは怠惰ともなりうるし、ぐずぐずすることと言い換えてもよい。たとえ何と言おうとも、進歩ということに関して言えば、それは自らを停滞させる性質であることに変わりはない。

ゴルフに熱中している人は、仕事ではどんなにぐずぐずしていようと、朝早く起きて張り切ってゴルフ場に飛んでいくものである。何かの趣味に夢中になっている人は、仕事中は怠け者であっても、家に帰って普段着に着替えると、にわかに活動的になって、自分の趣味に精を出しはじめるものである。

だから、惰性を克服するには、自分のしていくことを好きになることである。これは、旅行に出発しようとしている私たちにとっては、決して難しいことではない。というのは、「私はやる」というすべてのことは、私たちに独立と安定と安全と、そして時に幸福とを与えるように設計されたプログラムの一部であるからである。

出発する準備をし、準備ができたらすぐ出発すること　あなたは、止まっている自動車を動かそうとしたことがあるだろうか。それはできないことではないけれども、大変な力の要ることである。しかし、いったん動かしてしまえば、それを動かしつづけるには前ほどの力は必要としない。このことは人間にも当てはめることができる。仕事をはじめるには意志の力が必要であるが、一度軌道に乗ってしまえば、それをしつづけるのにずっと少ないエネルギーで済むのである。

若かった頃、私は水浴のために浜辺にしばしば出かけた。私は決して泳ぎの上手なほうではなかった。水着で砂浜を越えて水際まで行き、波が押し寄せてきて私の足を濡らすまでじっとしている。

まず、足から伝わる冷たい感覚に驚いて、そこから飛びのき、もう一度それを試みる勇気が湧いてくるまで待つ。その次に水が足のくるぶしまで達すると、またもや私はあわてて逃げだす。こんなことを半時間も繰り返し、そのたびに少しずつ足や体を濡らしていくのだが、しかし一度すっかり濡らしてしまうと、今度は温かく感じて、泳ぎはじめたものである。

ある日私は、最初の波が来た時に飛びこんで、一度で全部濡らしてしまおうと決心して浜辺に出かけた。私はそのとおり実行して、海の中での泳ぎを充分楽しんだ。

新しい仕事に立ち向かう時にはいつでも、まずそれに飛びこむことである。その仕事が進むにつれて、あなたは自分の克己心《こっきしん》を誇りたい気持ちになるだろう。友人たちはあなたに、そんなに多くのことをなしとげるにはどうすればいいのかと問うだろう。あなたは、「それには秘訣があるんだよ」と答えて、密かにほほえむにちがいない。

継続的に進歩をはかること　手術をはじめて体の一部を切開してから、その後の手術を続けるのに何時間も、あるいは何日もそのままにしている外科医がいるとしたら、あなたは何と思うだろうか。そんな馬鹿なやり方は考えられないはずだ。

いったん仕事をはじめたら、正当な理由で中断しなければならない場合を除いては、それが完成されるまで続けることである。その習慣が身についてしまえば、あなたの自尊心はどれだけ増すかわからない。そして、次のことを忘れないことだ。あなたに関して他の人が持つ意見は、あなたが自分自身について持っている意見の単なる鏡にすぎない、ということを。

あなたの旅の計画

私は全国各地をまわる講演旅行にたびたび出かけるが、時間が許せば自動車で、妻を連れていくのが好きだ。

出発する前に、私たちは旅行全体の完全なスケジュールをつくることにしている。そこには、毎晩どこに泊まるかについて、その町の名前だけではなく、ホテルの名前まではっきりと示されている。このようなスケジュールが、旅行をより楽しいものにするのに、どんなに役立ったことだろうか。毎朝自動車に旅行鞄を積みこむ時には、どこまで走って昼食をとるのか、その晩はどこに泊まるのかということが、考えなくともすでにわかっているのである。あなたの旅程についても、規格化したスケジュールよりもいささか大きなものとなるだろう。そして、それははるかに素晴らしいものとなることとだろう。

あなたが次の章に進む前に、してもらいたいことが一つある。それは、適当な大きさのスクラップブックを買ってきてほしい。そして、その表紙に「MJITLOAAH」というイニシャルを書いていただきたい。他の人にはそれが何を意味するのかわからなくても、あなたにはそれが次の言葉を意味していることがわかるはずだ。「My Journey Into The Land Of Abundance And Happiness（豊饒と幸福の国への私の旅）」

このスクラップブックを、素晴らしい絵本にするのである。それに、あなたが書き出したすべての目標の絵や写真を貼りつけるのである。もし書き出したリストに新しい家が載っているなら、あなたが思っているようなタイプの家の写真が見つかるまで、雑誌などで探してみよう。そしてそれをスクラップブックに貼りつけるのだ。単にその家の写真だけでなく、それに何かを付け加えることも遠慮してはいけない。たとえば美しい庭、豪華なプール、果物のなる木、などといったものを。

新しい車についてはどうだろうか。あなたを幸せな気分にするまさにその自動車の写真を手に入れて、それをあなたの絵本に付け加えるのである。

ミンクのコートもほしいかもしれない。そうだったら、ほしいと思うモデルの写真を切り取って、あなたの旅程の一部としてしまうのだ。

旅行が好きだったら、たいていのホテルのロビーには、鉄道や飛行機や汽船やいろいろな国などについての情報が棚に置かれているものである。あなたにとって興味のあるパンフレットを取り出して、その中からあなたの「ＭＪＩＴＬＯＡＡＨ」に入れる写真を選ぶのもよい。このようにして、あなたのスクラップブックを使って、あなた自身のために設定した目標を視覚化してしまうのである。

では、私自身はこのようなことを実行しているのかといえば、私は確実に実行している。私のスクラップブックが忠実に私のために効果を現した一つの例を次に述べてみよう。

第二次世界大戦の間、アメリカにおいても、あらゆる金属が最重要品目としてリストアップされていたことを、あなたは知っているだろうか。その当時は、金属でつくられたものは絶対的に不足していた。

この時期に私は、自分のために趣味の工房を持とうと心に決めた。それに必要な手工具を一式揃えたいと思っただけでなく、大きな動力工具もいくつかほしいと思った。あちこちの大きな機械店に行ってみたが、彼らは私の注文を帳面に記入しようとさえしなかった。彼らは、このような工具の注文はずっと前から受けられなくなっているから、注文を記入することによって、余計な期待を持たせたくないというのだった。

そこで、私は視覚化されたスクラップブックに、工具のカタログから私がほしいと思う動力工具を残らず切り取って貼りつけた。私は、今あなたに助言しているように、このスクラップブックを利用して、奇跡が起こりはじめるのを見ようとしたのである。それから間もなくして、ある大きな機械店が、私がほしがっていた機械の一つをお渡しすることができると知らせてきた。私はそれを手に入れた。その後、また別の機械についても同じようなことが起こった。これは、私が一つ一つの機械を残らず絵にしてから、ほんのわずかな期間の出来事だったのである。

この本を読んでいくにつれて、あなたは、そこに書いてあるやり方に従うのは、決して根拠のないことではないし、子供だましでもないということを理解してくれるだろう。あなたは、自分が、物事を引き寄せる自然の法則を生かしているのだということ、この世でほしいと思うものを手に入れるのが正当な運命なのだということを知って、驚きかつ喜ぶにちがいない。

「ＭＪＩＴＬＯＡＡＨ」は、あなたの旅行鞄の、旅行中に繰り返し見られるような、目につくところにしまっておくことである。事実、あなたが毎朝最初にしなければならないことは、このスクラップブックを取り出して、全部の絵や写真に目を通しながら、一ページ一ページ見ていくことである。そして、これをする時には、各ページに出ているいろいろなものを、ただほしいなあと思って見ているのではなく、今や着々と自分のものになりつつある目標を見つめているのだという感情をこめて見ることである。それぞれの写真を見た時に、あなたの胸が高なり、心ときめく喜びがほとばしるのである。

この本を読み進んでいくにつれて、あなたは、私がなぜこの旅行の設計をあなたに要求したかという理由を、さらによく理解するようになるだろう。ただここでは、あなたにすぐ理解できることを一つだけ話しておきたい。

人間の九五％は、消極的なほうに傾く傾向がある。たいていの人は、手に入れたいと思うものについて考える時には、「ああ、それは私には無理なことだ。結局手に入らないだろう」というように考えてしまうのが自然である。そして、このような考えから、私たちは自分の願望を実現させる道をわざわざふさいでしまうのである。

この視覚化されたスクラップブックは、助言どおりに用いれば、そこにあるものを得ることができるとあなたが自動的に考えられるように、訓練してくれるはずである。

この本の各章は重要である。大変重要である。しかし、あなたの旅の成功は、あなたがこの本のはじめの三章に書かれてあることをどれだけ徹底的に吸収したかにかかっているのである。

次章のページを開く前に次のようにしていただきたい。これまで読んだページ全部にざっと目を通すのである。そして各節を走り読みしながら、そこに書かれてあることの意味を、完全につかんでいるかどうかを自問してみるのである。そして、もし少しでもはっきりしない箇所が目にとまったら、その部分をもう一度ゆっくり読み返してみるのだ。

今では、これをあなたの全生涯における最大の経験にすることを私が心から望んでいることが、あなたにもおわかりいただけたことと思う。

前にも述べたように、私は、この旅にあなたと行動をともにしようとしているのだ。この旅が終わる前に、私たちは親しく仲のよい友人になっていることだろう。

間もなく私たちは、手を携えて、出発点に向けて出かけるのだ。

第4章

用意はできた さあ出発だ

それはある船旅でのことだった。ある引退したデパートの経営者が、私の隣のデッキチェアに腰かけていた。私はこの人の成功物語を知っていた。また、彼の広大な不動産のことも知っていた。私は彼の巨大な財産について前から関心があった。

私はこう聞いてみた。「あなたが今までで最大の感動をされたのはどんな時でしたか」と。そしてこう続けた。「最初の一〇〇万ドルを手に入れられたのはいつ頃でしたか」

半ば目を閉じ、楽しい記憶を追うように水平線をじっと見つめながら、彼は飾り気なくこう語ってくれた。

「いや、ベンさん、それは私がお金を手に入れた時ではなくて、はじめてお金をつくりはじめた時ですよ」

「多くの人たちと同じように、私は固定給で文字どおりその日暮らしの生活をしていたのです。妻と子供を扶養し、慎ましい家計をまかなっていくのが、私の収入では精一杯のことでした」

「しかし、それで決して満足していたのではありません。他の人は私よりよくやっているではないか、なぜ私にはできないのか、と」

「その頃、大変有望な新製品が市場に現れました。私はそれに非常に興味を持ったので、まずその新製品の代理店となり、同時にそれを売ってくれるセールスマンを探しはじめたのです」

「経験を積んでその製品を扱う知識を身につけてからは、私はお金を儲けはじめました。そうです、たくさんのお金です。セールスマンへのコミッション（手数料）と諸費用を支払った後の私の収入は、以前の給料の倍にもなりました。そして、それがどんどん増えていったのです」

「私が大きな喜びを実感したのは、確かその頃です」

「私は、自分が次第に有能な商売人になっていくのがわかりました。それからは、みすぼらしい借家住まいを引き払い、ローンで立派な新築家屋を手に入れました。妻や息子も前よりはよい服を着ることができるようになりました。家具もよくなったし、これまでよりもスマートな自動車にも乗れるようになりました」

「私の想像力は次第にふくらんで、上流社会に出入りする姿も心の中で見ることができるようになりました。休暇には外国旅行をすることも容易にできるようになりましたし、息子を立派な大学に入れることもできました」

三〇分間もこの人は、ほとんど夢を見るような様子で、無名のサラリーマンから大金持ちになった事の次第を語ったのであったが、その中で最も重要な事柄は、次のようなものだった。

「自分の夢が実現することを見るのは、最大の満足と自慢の種です。ほしかったのだが、前にはとてもかなわなかったものを手に入れたことによって、私はこのうえない喜びを味わったものです。しかし、そのようなものを何の造作もなく手に入れられる今では、同じことをしても、私にはほとんど、あるいは何の感慨も湧きません」

私がなぜこの話をしたかは明らかであろう。私のデッキ仲間だったこの人の大きな喜びは、彼の生き方が変わりはじめた時に、自分の夢が実現するのを見られるようになる前に、やってきたのである。

あなたが、成功と幸福の旅に出ようとしている今まさに、新しい生き方、すなわちあなたの欲望の実現を保証する杖を手にする状態に入りはじめようとしているのである。この文章は、決して強調しすぎではない。私が注意を引くために太字で示したこの文章に含まれる信条を、どれだけ理解して受け入れるか、その程度により、あなたがこの本から受け取る利益の度合いを直接決めることになるのである。

あなたは旅に出ようとしている。あなたが乗る乗り物が、船であるか列車であるか飛行機であるかは、あなたの想像力に任せよう。とにかく、あなたは旅に出ようとしているのだ。

あなたの乗り物が前に進みはじめるにつれて、すべての不愉快な記憶や限界感、自己憐憫、憂うつな気持ちといったものは後ろへと捨て去り、あなたのまわりの人への愛と友情の記憶と共に進むであろう。なぜならば、いつも彼らにしてあげたいと切望していたことができるようになるからである。

不愉快な記憶は捨て去りなさい、という助言には重要な理由がある。これまでは、積極的な考えがあなたの意識に入ってこようとする時はいつでも、たくさんの失敗の理由で迎えられていたため、その考えは後ろを向き、もと来た場所へと急いで戻ってしまったものだった。失敗の記憶が心の中でとても顕著で、積極的な考えはそこに住みつくチャンスを得る前に、消極的な考えに取って代わられてしまっていたからである。

最近のことだが、私が、自分好みの収納家具をデザインし製作するために、私の作業部屋にこもった時のことである。私は、部屋の中を見まわしたり、思案したりすることなどしないで、すぐそこに用意している製図用紙を取り出して、設計図を描くことができた。それから板置き場のところで、目的にかなう板を選びだした。ネジや釘や金物類も集めた。そして製作に取りかかったのである。収納家具が思いどおりに出来上がったのは、それから間もなくのことだった。

これからは、どんな種類の願望が起こっても、あなたの自由な潜在意識から生ずる思考力は、願望を実現するような考えを発展させ、それが実現できるようにあなたを導くはずであるということを理解してほしい。

私はこの本を書きながら、何とか暮らしてはいけるが、慎ましい家庭を維持することがやっとで、人生の素晴らしい出来事にほんの少しも加わることができなかった頃のことに思いを馳せている。

その当時、私は人の心を発奮させる本を夢中になって読みふけったものである。もしそこに書かれてある助言に従ってさえいたら、大きな約束を私に実現してくれる、何冊もの本を読んだものである。しかしどういうわけか、それらの助言が私に向けられているとはとても思えなかった。高収入、立派な家、素晴らしい高級車——こういったものは、いつも、誰か他の人のためのものだとしか思えなかったのである。

はじめて目が開いたのは、いわゆる中年期を過ぎて五〇代に入った時であった。「成功と失敗の本当の違いは何だろうか」と、私は自分自身に問いつづけた。そして私は、それを知っていると考えていた。この設問に対する私の答えには、財産の相続から純然たる幸運に至るまで、たくさんの事実が列挙されていた。しかし、私が自分の人生を変えたのと同じように、私の助言を授けた何千人という人たちの人生を変えたほどの原理の発見をしたのは、成功した人と失敗した人の生き方について、徹底的な研究をはじめたことがきっかけである。

この発見をした時の私は、質素なアパートに暮らしていて、自動車も持っていなかった。もちろん貯蓄などは一つもなかった。私はその発見をした後でも、私の心の惰性を克服するのに、また、どん底から達成と成功、そして素晴らしい幸福へと引き上げてくれると確信したその発見を生かすのに、なお数年を必要とした。

六〇代のはじめに、私はカリフォルニアのヒルズボローに宅地を買って引っ越したが、そこは「億万長者の町」と呼ばれている素晴らしいところであった。風雅につくられた六〇〇〇平方メートルにも及ぶ庭園は、画家や写真家の注意を引きつけた。有名な建築家に設計させた豪壮な建物には、フランス風の優雅な家具が取りつけられていた。

私は、自分のことを自慢しようと思ってこんなことを言っているのではない。人は六〇代でもさまざまなことができるということを示したいと思っただけである。この例が、あなた方すべてに、あるひらめきを与えるはずである。私と同年輩の人たちには、私にできることならあなたにもできるのだ、ということを知ってほしいのである。若い年代の人たちには、人生をうかうかと過ごす正当な理由はどこにもない、何事でもやればできるのだということを理解してほしいのである。

経済的な観点による統計では、一般には五〇歳に達するまでは上昇過程にあることを示している。しかしその後は水平線をたどり、やがて急速に下降する。言葉を換えると、もしその人が五〇歳までに経済的安定が得られなかったら、家族なり国なりの被扶養者として生涯を終える可能性が非常に高いのである。

私の場合には、上がりはじめる前の一〇年間というものは「水平線」をたどっていた。そして、これは本当のことなのであるが、六〇代になってから、それまでの六〇年を一緒にしたよりもずっと大きな進歩をとげたのである。私は、なにもあなたにできないようなことをしたわけではない。私がしたことよりもよくはなくとも、少なくとも同じことはあなたにもできるはずだし、あなたが決心しさえすればそうなるはずである。

あなたは探したり試したりすることで月日を浪費する必要はない。この本で明らかにされる原理が、今すぐにでも上昇への旅をはじめるのを可能にしてくれるだろう。

少し関心のある人だったら、何かの機械設備を見た時には、「それは何をする機械だろうか」と考えるだけでなく、「それはどのように動くのだろうか」と自問するだろう。それがどのように動くかを知っていれば、メーカーの示す仕様や性能について、理解することもできるはずである。

私たちの旅行が実際にはじまるのを待っている間に、もう少し私の方式について説明すると、あなたは疑いや疑問を捨て去って、これまでに経験したこともないような安心した気持ちでこの旅に出ることができるだろうと思う。

まず私は以前に、すべての人の九五％は消極的（ネガティブ）な面に傾くものだと言った。彼らは、消極的に生まれついたわけでもないし、大人になった後で、それを身につけたわけでもない。何事も消極的に考える思考法は、彼らが小さい時に、その潜在意識に植えつけられたものである。

幼い子供が見知らぬ人の前に出るのを尻ごみすると、両親は「この子は内気なものだから」と弁解する。このようなことが、彼の生涯につきまとう臆病という精神的な種子を植えつけてしまうのである。この失敗の種子は、「お金のなる木はないのだよ」とか、「お父さんは金持ちじゃないんだから一生懸命に働かなければならないんだよ」などと、絶えず話して聞かせることによって、子供の心に植えつけられていくのである。皿の上のパンの切れ端を捨てようものなら、「そのパンの切れ端を、ほしいと思っているお腹をすかせた人たちが何千人もいるんだよ」とか、「それを捨てなければよかったと思うような日がいつか来るんだよ」と言われる。子供は、絶えず「これをしてはいけない、あれをしてはいけない」と言われることによって、してはいけないのだ、自分はできないのだ、という感情が心の中にいつのまにか植えつけられるのである。

あなたは、何か積極的なことをしようと思ったが、「そんなことをしたら失敗するかもしれないからやめたほうがよい」とささやく、得体の知れない声によって引き止められた経験はないだろうか。

あなたは、この警告がどこからやってくるのか知っているだろうか。これは、あなたが子供の頃に身につけた心象（イメージ）を、潜在意識が意識の中に送り返したものなのである。ただそれだけのことなのである。

多くの人たちが――いや、ほとんどの人たちが、いろいろなセルフヘルプの本から、何の成果もつかめないでいる理由も、これで容易に理解できたことと思う。このような本によってつくられた自己改善への意欲は、いずれも子供の頃から潜在意識の中に住みついてきた根深い消極的思考によって、直ちに摘みとられてしまうのである。あなたも、生き方として消極的な考え方が深く心の奥にしみこんでいるために、このような本の著者たちによって約束された物質的な富を、自分も持てるのだと理解できないのかもしれない。

ある建物を暗い色から明るい色に塗り替えることを頼まれた場合、経験を積んだペンキ屋なら、まず古いペンキを残らずはがしてしまうことからはじめるだろう。頼まれた仕事ということであれば、これはと思う明るい色が出るまで、暗い色のペンキの上に明るい色のペンキを上塗りすることもできるはずだ。しかし、暗いペンキは新しいペンキの下に依然として残っていて、早晩おそらくその地色を現すにちがいない。古いペンキをみな取り去ってしまうことによって、職人は仕事がやりやすくなり、仕上がった表面は明るい色のペンキだけで構成されるようになる。

私の発見の基礎となったものは、前にも言ったように、消極的思考の骨組みを取り去って、積極的で建設的な思考の骨格を組み立てることであった。あなたがチャレンジ精神を持つ、残り五％の人の一人となった時には、達成不可能なものは何もないことがわかるであろう。ほしいと思うこの世の富を手に入れることもできるだろうし、そうしたいと思う時にその場所へ行くこともできるだろう。あなたは幸福になれる。理想的な幸福な人になれるのである。

自分は物事をなしとげることができる、という私の信念を、あなたの心にしみこませる私の試みは成功したであろうか。あなたには、名声や富、あるいはその両方を手に入れているあなた自身が、見えはじめただろうか。

あなたはサクセスストーリーを読むのは好きだろうか、そういった成功譚は、あなたに精神の高揚をもたらすだろうか、それとも失望をもたらすだろうか。勝利をつかみとろうとする精神さえ持っていたら、サクセスストーリーは、「他の人にそれができたのだから、私にもできないはずがない」と考えるように、あなたを鼓舞するはずである。だが、もしあなたが消極的な潜在意識によって縛られていたら、サクセスストーリーを読むことによって、あなたの現在の立場とその話に出てくる人の立場との間の落差があまりにも大きいので、自分はとてもそんな高いところには登れないと感じ、すっかり意気消沈して、自分は不幸な人間で終わるのだと結論してしまうことになるだろう。

この私の発見をここで明らかにするにあたっての私の心からの願いは、あなたとその人生について書かれたサクセスストーリーは、すぐそこの曲がり角まで来ているという事実を、あなたの心の内に抱いてほしいということである。

あなたの旅はもうはじまっているのだ。肉体としての目は、まだ見慣れている風景を見ているかもしれないが、あなたの心の目——それは無限の距離を見透かせるものだが——は、新しい機会を見とおし、達成に至る無限の可能性を持つ新しい地平線を見ているはずである。

この本の全体を通じて、私は素晴らしい、幸福な生活への「鍵」をあなたに与えたいのである。この本を閉じる前に、これらの原則のすべては、自ら欲する生活を手に入れるのに必要なものをすべて引っくるめて、一章にまとめられることになっている。

第一の原則は次のことである。

あなたは現在すでに成功者なのだ。銀行に預金ができ、借金がすべて支払われてしまうまで、何も待っている必要はない。成功者の態度を身につけた瞬間に、あなたはすでに成功者になっているのである。なぜなら、それによってあなたは、自分が欲するほとんどすべてのものを達成することができるからである。

私がこのように言えば、次のような異議を唱える人がいるかもしれない。「私はどうして自分が成功者だなどと考えることができようか。私にはお金もないし、財産もないし、近い将来、手に入りそうなものは何もありそうにもないのに……」と。これはいかにももっともな異議のようではあるが、それについてちょっと考えてみることにする。

あなたは一〇〇万ドルの小切手を突然もらったが、その他には何も持っていないものと仮定しよう。あなたは得意になって、「私は金持ちなのだ」と言いだすかもしれない。しかし、さしあたりあなたは、小切手を受け取る前に持っていなかったどんなものを手に入れたというのだろうか。まず第一に、あなたの小切手は、そのうちのいくらかでも使えるようにするには、銀行で交換しなければならない。これは、以前と比べてあなたは決して金持ちになったわけではないということを意味している。また、あなたはきれいな家を手に入れようと決心したとする。しかし、そうするためには時間がかかる。まず土地を探し、建築技師を選ばなければならないが、建築技師のほうではまた、設計するのに数週間はかかることになる。建築業者も選ばなければならないが、家を建てるまでにはさらに時間がかかることになる。

このことを考えると、あなたの環境がまったく変わるのは、大金を与えられたかなり後であるという結論に達する。

成功者の心がまえを持つことによって、あなたは、欲するものを手に入れるのに必要なものは全部持ったことになる。これは、私が今述べた大金の小切手を手に入れた例と、多くの点で同じことを意味するのではないだろうか。そしてそのことは、現在すでにあなたは成功者なのだと私が言ったことを証明しているのである。あなたは、それがお金であれ、立身出世であれ、心の平和であれ、自分がほしいと思うものを手に入れることができるという、成功者の心がまえを身につけているのだから、あなたは成功者なのである。

ある人は次のように言うかもしれない。「もし私がそのような原理を私自身に適用させたら成功することができる、とあなたは確信させてくださいましたが、それには時間がかかるでしょう。私は希望だけで生きていくのにうんざりしているのです。今すぐ結果を見たいのです」と。

これに対して私は、この本のごくはじめのところで述べたことを繰り返さざるをえない。すなわち「成功は到着点ではなくて、旅なのである」と。

前方に競争以外には何も見えない時には、その道は険しく見えるものである。しかし、ひとたび自分は成功者であることを知る精神状態にあなたが入ってしまえば、それが成功の最初の兆候であり、あなたの喜びははじまるはずである。あなたは、私が船の旅で出会った男性の次の言葉にきっと賛成するだろう。「私が喜びを感じたのは、お金を手に入れた時ではなくて、お金をつくりはじめた時でした」

あなたは旅に出ているのだ。荷づくりをした時に、あなたは、悩みや恐れはどんな種類のものだろうと詰めこまないことに同意したはずだ。だからこそ、あなたが緑の牧場へと進もうとしている今、成功者の態度を身につけるほうに一歩を踏み出すことを、私は希望するのである。

早朝から夜にベッドに入るまで、あなたが気づいた時にはいつでも、「私は成功者なのだ」と自分自身に心の中で繰り返すことである。何回も何回もそれを言うのだ。そしてそうしながら、心にある絵を思い描くのである。いつもしたいと思ってはいたのだが、とてもすることはできないだろうと思っていたことをあなたがしている絵である。そして、家族、友人、同僚に、もっと多くのことをしてあげることができるようになっている自分を見るのである。

あなたは、いたずら書きをするのは好きだろうか。たいていの人は好きなはずだ。それならば、あなたが鉛筆を手に持っていて、特に何もすることがなかったら、意味のない線やしるしを書く代わりに、お金のしるし（$や¥）をいたずら書きしてみることである。大きいのや小さいのや、太いのや細いのや、たくさんの$や¥を書くのである。もしあなたのほしいものがお金以外のことだったら、お金のしるしを書く代わりに、「私は成功者だ」と書いてみるがよい。いろんなやり方で書くのである。筆記体で書いたり、楷書体で書いたり、大きな文字で書いたり、小さな文字で書いたりするのだ。とにかく「私は成功者だ」という表現を、紙の上に書きつづけるのだ。

ご存じのように、成功とは、あなたにとって価値のあることを達成することである。あなたは、歌手としても、音楽家としても、画家としても、作家としても、弁護士としても、医者としても、建築家としても成功者となることができる。だから、「私は成功者だ」という言葉をいたずら書きしながら、あなたがなりたいと思う成功者になった姿を心の中に持ちつづけるのである。

さて、この章も終わりとなったので、あなたに一つの忠告をしようと思う。それは、この章は非常に重要な章であるから、次章に進む前にもう一度読み返したらよいということである。

次章では、あなたは、この記念すべき旅の最初のステーションに着くであろう。旅をするにあたっては、正しい心がまえを持ちつづけるようにすることである。

第5章
第一のステーション
幸福とは

あなたがこの旅で訪れるどのステーションも、心躍る経験となるだろうが、重要である点では、今着こうとしているものに勝るものは一つもないだろう。

それは、この素晴らしい旅行の最初のステーションであるという意味で、あなたにとって非常に多くの意味を持つことになるだろう。そして、あなたが幸福のただ中でインスピレーションをより多く得ることができればできるほど、途中のすべてのステーションであなたに与えられる利益はより大きいものとなるはずである。

幸福でなくとも、人生においてある程度の成功をおさめることは可能である。心理学者なら、あなたにその理由をいろいろと説明してくれるであろう。しかし、幸福を伴わない成功は、私たちが手に入れようと努めている人生ではない。このあたりで、「幸福」という言葉はいったい何を意味するかについて、お互いに理解しあっておくことが必要かもしれない。

文字どおり、幸福とは幸運な状態にあることを意味する。幸福、すなわちhappinessのhapという言葉は、運もしくは幸運、すなわちluckということを意味している。だから、ハッピーであるということは、ラッキーであるということを意味しているのだ。

しかし私たちは、幸福という言葉の意味を最も広くとることにしよう。私たちにとっては、幸福とは幸い、至福、幸運、無上の喜びなど、幸せな状態のすべてを意味するのである。あるいは、もっと簡単に表現するならば、私たちの主たる目的は、私たちがすること、考えることに満足する原因を私たちに与えてくれる、生きていてよかったと感じる感情をつくり出すことである、と言ってよいだろう。したがって、本章と以下の諸章で幸福という言葉が用いられる時には、それは幸福についてのあなたの解釈――すなわち、あなたが生きていることがあなたにとって非常に喜ばしいという状態を意味するものとする。

幸福な精神状態にすることの重要性は、いくら強調しても強調しきれないくらいである。不幸な場合には、仕事をするのにも根気や気力が伴わない。仕事はいかにも骨が折れることのように思われ、時間はなかなか過ぎていかない。そして、することも思ったほどうまくはいかない、ということになる。

ある男性が私のところにやってきて、あらゆる自己改善の本をけなしたことがある。彼はよく知られたこの種の本を全部挙げて、自分はそれらの本をすっかり読んでみたが、どれからもこれといったものは得られなかった、と言うのである。

この男性は非常に不幸だった。彼は、妻からも家族からも、自分が期待したほどよくは扱われていなかった。妻のために新型の便利な家庭用品をいくつか買ってあげようとして、借金をしすぎてしまい、ローンの支払いが増えすぎた結果、食費や家賃や衣服費を支払うにも事欠くありさまであった。

私は、ポケットの中から、鍵の束を取り出した。そしてその中から一つの鍵を選び出して、こう言った。

「私はこの鍵をあなたに渡して、これで黄金の箱を開けられると言ったとしましょう。それから、これであなたが望むことは何でもできるのだと言ったとしましょう。あなたはどう感じるでしょうか」

「それは素晴らしいと思うことでしょう」。彼は、私が言ったことが少しわかりにくそうな面持ちで、こう答えた。

「もしあなたが黄金の箱について私が言ったことを信じるなら、それが実際に開けられる前から、すでに幸福な気分になっていると思います。そうでしょう？」と、私は付け加えた。

「はい、そのとおりだと思います。たぶん、その中に入っているものが私のものだと知っていることで、充分に幸福な気分になるでしょう」と、彼はほほえみながら正直に答えた。

「あなたは、今挙げられたような自己改善の本を読んでいる時、幸福だったでしょうか」と、私は質問した。

「必死になって助けを求めていることがわかっていて、どうして幸福なことがあるでしょうか」と、彼は不機嫌な調子で反論した。

私は本棚から一冊の本を取り出して、別の質問をした。

「もしこの本が富裕への扉を開く鍵だと私があなたに告げたとしたら、あなたは幸福になることができますか」

「いや、私はそれを信じないでしょう。本当にそんなことができるのかどうか疑うでしょうから」

と、彼はいささか受け身になって主張した。

その後の私は、自己改善のために書かれた本を読みながら幸福な態度を身につけるよう彼に助言をするのに、丸三時間も費やした。私はまず次のような質問からはじめた。

「セルフヘルプの本を読みながら陰気な気分のままでいるということは、あなたの家庭の問題にとってどんな意味でも役立つのでしょうか」

いささか当惑して、それはどんな意味でも役立たないことを彼は認めた。

それから私は彼に、もしこういった本が役立つ、または役立つだろうという信念を持って本に接したならば、さらに、一度上を向きはじめたら、家族のためにはどんなことでもできるという思いで幸福な気分になっていたならば、彼が読むセルフヘルプの本から、いかに多くのことを学び期待できるか、ということを説明したのであった。

成功とは心の状態であるということ、そしてまた私たちの生き方を改善するためには、私たちの考え方を変えなければならないのだということを、事実によって説明するために、私は心がまえを変えただけで、絶望の深淵から成功という高みにまで上りつくことができた多くの人たちの実話を話して聞かせた。

そしてこの男性に、私は優れた自己改善の本として知られている一冊の本を手渡して、それを読んでほしいのだが、ただし幸福な精神状態で読むことができるようになるまでは、読んではならないと告げた。

こう私は忠告した。「この本を開く前に、リラックスした気分になって、しばらく黙想してください。そして、新しい家や素晴らしい自動車を買うお金を充分持っているあなた自身を、目の前に思い描くのです。奥さんが、彼女自身や子供たちの新しい服を上質な店で選べるようになり、幸せそうにしているさまを思い描くのです」

「休暇がやってきたら、家に閉じこもっていないで、家族をどこか好きな場所へと旅行に連れていって、素晴らしいホテルに泊まっているさまを心に思い描くのです」

「このようにして適当な時間黙想したら、次は富裕への扉を開く鍵として、あなたが今持っている本のことについて考えるのです」

「その本を『これは効果があるのだろうか』といった態度で読むのでなく、これらの原理をどのようにして、そして特に、いつあなたのために働かせるか、ということを考えるのです」

この男性を無意識な拒絶から意識的な受容へと改心させるのは、容易なことではなかった。彼は、何回も「やってみましょう」と言ったが、それだけでは私は納得しなかった。あることを「やってみましょう」という言葉は、まだそのことを疑っていることを示しているのである。人は、することができると知っている事柄を、やってみようとは言わないはずだ。彼の明白な熱意と「私はやる」というはっきりした宣言を感じとるまでは、私は説得をあきらめなかった。

何が起こったのだろうか。それから数か月後のことであるが、この男性がやってきて、彼が考え出した非常に興味深い計画を私に示したのである。彼は、自分の事業をはじめようと決心したのである。しかも、一ドルも借りないでその計画を実行しようとしていたのだった。

彼が支払っていたローンのいくつかが終わろうとしていた。彼は、これまでもお金がなくても何とかやっていけたので、今後もそのやり方を続けていこうと心に決めたという。彼の計画というのは、これまでいろいろなことに支払っていたローンの支払い額をひとまとめにして、それを新しい冒険の資金にしようということだった。

それから、身につけた「成功するぞ」という決意に支えられて、彼は余暇を利用して上手にお金を手に入れる方法と手段も考え出した。

それまでは、どんなセルフヘルプの本からも、一つとしてよいことを見つけ出せなかったこの男性は、今では大成功した自前の仕事を持ち、妻からはとてもよい夫として尊敬されている。

この男性が成功した鍵は「幸福」であった。自分の未来に対して幸福で、楽天的で、熱烈な精神でもって立ち向かうことができるようになるまでは、彼はいつも失敗者だったのである。

幸福こそ絶対必要なものだ

私がなぜ幸福をこのように強調するのか、今ではあなたにもおわかりのことだろう。また、着いたばかりのこのステーションが、なぜ私たちのこれからの人生にとって重要な意味を持っているかも了解されたことであろう。

「私は、どうしたら幸福になることができるのか」という問いは、失敗した人たちによってたびたび発せられる質問である。彼らは、幸福になれなかった理由をいろいろとこじつけながら、飽くことなくこの質問を繰り返すのだ。

「それは、あなたが幸福になることを欲しないからだ」と、このような質問の一つに私は答えたことがある。その時の私は、この人はふざけているのではないか、というような目で見られたこともある。それに対して私は、その人よりもずっと貧しい境遇にありながら、申し分なく幸福でいる男女の実例を次々に挙げて、その人の疑いに答えてあげたものである。

ひと頃、私はニューヨークのある高層ビルに事務所を構えていたことがある。私の部屋の窓からは、混雑した通りのいろいろな変化をはっきりと見てとることができた。

ニューヨークでは、人々が転居するのに二通りの日程がある。事務所は普通、五月一日から翌年の五月一日まで借りられるが、住宅は一〇月一日から翌年の一〇月一日まで借りられる。

ある時、それは一〇月一日だったが、窓から外を見ていると、アパートの前に停まっているたくさんの引っ越しのトラックが見えた。移ってくる人たちと出ていく人たちの交錯。ある人は街から郊外へと引っ越していき、ある人は田舎から街へやってくる。

「この人たちは、なぜ引っ越しするのだろうか」と私は自問してみた。それには確かにいろいろな理由があるにはちがいなかったが、大きなものとして次の理由があることだけははっきりしていた。それは、「幸福を見つけるため」なのである。疲れ果てた不幸な街の住人は、大都会の混乱が彼らの陰鬱な精神状態の原因であると考えるだろうし、疲れ果てた不幸な郊外の人たちは、することが何もないのが彼らの退屈の原因だと考えるのであろう。

しかし、あなたは幸福を借りてくることはできない。居場所を変えることで幸福を手に入れることもできないのだ。幸福はその人と一緒についてまわるもので、たとえどんなところへ行こうと、それだけで幸福を見つけ出すことはできないであろう。

私たちの幸福とは、人間とか物事にくっついているものではなくて、人間や物事に立ち向かう私たちの態度にあるのである。たとえば、ある人はある環境の下ではとても幸福かもしれないが、別の人はまったく同じ環境の下で憂うつになることだってありうるのだ。簡単に説明してみよう。A夫人とB夫人が同じような贈り物を受け取ったとしよう。A夫人はその贈り物が気に入って幸福に思う。ところがB夫人は、A夫人とまったく同じものをもらったにもかかわらず、気に入らなくて、不幸である場合である。幸福とか不幸を生み出すのは、贈り物自体ではなくて、贈り物に対する、それを受け取った人の態度であるということが、これでおわかりだろう。

不幸についての理解

もし私たちが、不幸というものの奥底にある原因のいくつかを理解するならば、それを排除することによって、幸福をもたらすことが容易になるはずである。次に、不幸のごくありふれた原因のいくつかを挙げてみるが、あなたはさらにもっといろいろな原因を挙げることができるであろう。
罪の意識
自己卑下

嫉妬《しっと》
利己主義
内気
悩み
不信心

私たちがひとたび不幸の原因として理解し、それを克服することで、幸福をもたらすことができる事例としては、ここに挙げたものだけでも充分すぎるであろう。

罪の意識　罪の意識に悩んでいる人は、意識的か無意識的に、自分は幸福になる資格がないと感じている。笑えるような時でも、それは自分にふさわしくないのだと思い直して、突然その笑いを引っこめてしまう。自分は罪の意識によって引き止められていると知った時には、その人ができる大切なことが二つある。

一　もしそうすることが可能なら、罪の意識を引き起こす状態を改めることである。

二　もしあなたが犯した過ちを改めるために何もすることができないのだったら、自分を許すことである。あなたが自分自身に対して持っていた悪意を、きれいさっぱりと気持ちの上から洗い流してしまうのである。自分はその過ちから得るものがあり、そしてその結果、よりよい人間となり、友人になれるだろうということを、自分自身に決意を示すのである。

これまでの人生で、私はたくさんの過ちを犯してきた。そしてその多くは、考えるたびに恥ずかしくなるようなものであった。しかし、その過ちを絶えず思い出すことによって自分の足を引っ張る代わりに、私は本や論文や新聞のコラムやラジオ・テレビの講演で、同じ過ちを繰り返さないように、他の人に助言をしてきた。このような方法を採ったおかげで、私は自分の過ちを理解し受け入れることによって、私にとってより住みよい生活世界をつくったと言ってもよい。

罪の意識を正しく理解し評価することは、それを解消することを可能にするとともに、その解消によって実生活の場で幸福を手に入れることができるようにもなるのである。

自己卑下　自己卑下の思いの強い人は、本当にかわいそうな人である。自己卑下は子供の時からの遺物であるが、自分をさげすみながら幸福になるのは不可能なことである。そして、不思議に思えるかもしれないが、本当に自己卑下の状況におぼれている人は、幸福になろうとは思わないのである。このタイプの人は、自分と関わる人たちからの同情を得るためにそうしている。幸福そうに見えると同情はできない。だから、微笑しようと思っても、そうしたのでは同情されないと思って、急いで微笑を引っこめるのである。

嫉妬　嫉妬は幸福の破壊者である。自分よりも少しばかりよい生活をしている人、たとえばよい家に住み、立派な車や多くの衣服を持ち、高収入を得ている人を見るとすぐ不機嫌になってしまうが、その理由は、自分がそのようなぜいたくをしていないということからくるのである。

単に、富裕とかぜいたく品を持っているということが幸福の保証となるのでは決してない。私が知っている不幸な人の中には、世俗的な資産という点では大変な金持ちがいる。それに対して、資産はなくともとても幸福な人を何人も知っている。

私は富というものを軽視するわけではない。誰もが必要なものを手に入れるのと同じく、ぜいたたくなものを所有する資格があると信じている。しかし、世俗的な所有に対して正しい心がまえを持っていなければ、幸福を見つけそこねるであろうということを私は主張したいのである。

「予想は実現されたものより大きい」という言葉があるが、私もまったくそのとおりだと思う。このことから、あなたが手に入れるものは手に入れる前に考えていたよりも少ないのが当然だと私が言うとしたら、あなたをいささかがっかりさせるかもしれない。

この警句の一面性については、どうやら説明が必要であろう。物事を成就させることは、人生における一つの大きな満足をもたらすものである。私たちがあることの成就を熱望し、精神力と体力を注いでそれを実現させた時に生まれる最も大きな幸福感とは、私たちが自分の努力で目標が実現されていくのを見ることにあるのである。もちろん、それがちょっとした仕事であれ、巨大なビジネスであれ、自分がつくり上げたものを楽しむことだってできる。しかし、最も大きな感動は、実は自分のアイディアが実現されていくのを見る時に起こるはずである。そして、ひとたび目標を達成した人は、その達成地点を到着地とは考えないようになるであろう。その達成地点（ステーション）とは一つの高原か高みであって、私たちはそこで、私たちがなしとげたものを喜びの目で見つめ、はるか地平線の向こうに見える次の目標に向かうため、精神的・肉体的スタミナを蓄えるために休息しているだけなのである。

利己主義　あなたは、自分の尻尾を口の中に入れて、それを食べてしまった蛇（ウロボロスの蛇）の話を聞いたことがあるだろうか。大変グロテスクな図だが、これは利己主義な人に似ていないだろうか。

利己主義とは自分だけを主張することである。人は、何もかも自分に引き寄せようとするならば、あの馬鹿げた蛇の物語のように自分自身を食べつくしてはしまわないにしても、自分の幸福を破壊してしまうことになる。利己主義な人は自然の基本法則に直接そむいて生きようとしているのである。すべての自然は与えるという一面を持っている。樹、花、鳥、日没――すべては与える目的を持っている。あらゆるものから無尽蔵に供給されるのである。したがって、私たちはより多く与えれば与えるほど、より多くのものが手に入るのである。もしある人がこの世で充分なものを得ていないとするならば、彼は充分なものを与えていないからである。というのは、受け取るものとはすべて与えることによって生まれるものだからである。あなたは自分本位な人で幸福だった人を見たことがあるだろうか。私は見たことがない。

内気　内気と利己主義の間には緊密な関係がある。また、内気は自意識過剰からきていることが多い。私たちは、単に自分自身の幸福を追求するのではなく、社会の幸福に寄与するものとして自分自身を考えるところまで到達できた時、内気からの解放の道が開けてくるのである。

「あなた」を中心とする態度を身につけることである。「あなたは私を幸福にするために何ができるか」と言う代わりに、「あなたを幸福にするために私は何ができるか」という観点から人々のことを考えることである。

「私にとってこの世で最大のことは私である」と、ある高名な哲学者が言ったが、内気を克服するための解決策はここにある。もしあなたが、他の人と一緒にいる時に、その人に対するこの世で最大の関心事は、その人自身のことだということを思い出したならば、内気を克服するのに何の困難も感じないであろう。あなたは、他の人と一緒にいることを恐れるほど自意識過剰になる代わりに、相手を幸福にしてあげるという観点から、すべてを考えるようになるであろう。

悩み　悩みと幸福とは同じ心の屋根の下では共存することができないものである。悩みは幸福を破壊するということは事実だが、幸福の量が充分大きければ、それによって悩みを締め出してしまえるということも事実である。

悩みを雲と考え、幸福を日光と考えてもよい。飛行機で旅行をしていると、雲の上を飛ぶことがしばしばある。上方には太陽がきらきら輝いているが、下方の地上は雲のために暗く、荒涼とした風景であることもあった。地上の人たちにすれば、もし雲がなくなってしまえば日光が差しこんでくる、ということはよくわかっている。悩みの雲がなくなれば幸福の日光が差しこんでくるということも、これと同じように理解してよいだろう。

ある時、一人の女性が悩み疲れた顔をして私のところにやってきた。彼女の語るところによれば、彼女の人生は耐えがたいものであったという。私は、悩みの原因を考えあぐねて、今までどれだけの時間を費やしたかを彼女に尋ねてみた。彼女が挙げた数字は予想以上のものだった。そこで私は、彼女にやってもらいたい実験を提案してみた。思い悩んでいる時間を、その悩みの解決法を発見するために使ってみたらどうか、という提案であった。そして、彼女にそのために費やした時間の記録をとっておくことをすすめたのである。

何が起こっただろうか。しばらく経って彼女は、問題を完全に解決して私のところにやってきたのである。しかも、その解決に要した時間は、以前に悩みのために費やした時間に対して、ほんのわずかにしかすぎなかったのである。これは私たちすべてが、私たちの幸福を奪おうとして悩みがやってきた時に、心にとどめておいてよいことである。

不信心　すべての人は精神生活を持ち、それに従って生きている。信じる心のない人は荒野をさまよう、地獄に落ちた魂のようなものである。

信じる心は絶えずあなたを導き、見せかけの不幸に直面しても常に毅然としている力と勇気をあなたに与える神の存在を感じさせるのである。

心から自分の宗教を信じている人の顔をよく観察してみるがよい。そこには恍惚の域にまで達した、まぎれもない幸福感を見出すことができる。このような人は、困った問題などはほとんど持っていないし、解決できないことは一つもない。彼はどのような状況でも、それを挑戦として受けとめて向きあい、神とともにあれば、あらゆることは可能であることを知っているのである。

あなたは、旅の最初のステーション——幸福に着いたのだ。

私はすでに、幸福であることの必要性についてあなたに話してきた。そして、不幸の多くの原因についても、おおよそのことを述べてきた。もし、過去の記憶があなたを不幸にしているのならば、あなたにできることがたった一つあるということを知っておくことだ。あなたは過去を再び生きることはできないのだから、これまでのすべての経験は、それがよいことであれ悪いことであれ、あなたの未来に対しての踏み石にすぎないのだ、と心に決めることである。

あなたは自分の過ちによって成長してきたのだ。今のあなたは、そのようなことを避ける方法を知っている。これからは、他人があなたと同じような過ちを避けるのを手伝うために、あなたの力の及ぶ限りのあらゆることをするだろう。

消極的で引っこみ思案の会話は幸福の破壊者である。だから、そのような話には加わらないことだ。もし他の人との会話で、話が否定的で不快なテーマに向かったら、それを積極的な話題に切り換えるように全力を尽くすことだ。

あなたの心にある考えを自らのものにする最もよい方法は、それについて話すことである。幸福について他の人に話しなさい。また、あなたが心から幸福であるということを彼らに告げなさい。動作は感情をつくるものである。あなたの幸福について心ゆくまで語るならば、やがてあなたは自分が本当に幸福であることを発見するであろう。そしてあなたはますます、あなたと関わりある人たちにその幸福を伝えていくことになる。これは伝染性のあるもので、そうすることによって、まわりの人たちの幸福はさらにあなたに跳ね返ってきて、幸福の円を描くようになる。

あなたの次のステーションは熱意である。あなたがそのステーションに近づくにつれて、あなたが幸福であればあるほど、あなたにもたらされるよい出来事はより大きくなるはずである。

小さなことであるが効果の大きい実験を紹介しよう。心身をリラックスさせて、目を閉じてみよう。次の言葉を一〇回繰り返してみよう。心から言うのである。私は幸福だ、私は幸福だ、と。

第6章

第二のステーション
熱意を持つこと

「いかなる偉大なことも、熱意なくして達成されたものはなかった」。これはエマーソンの言葉であるが、あなたもこの旅を続けるにつれて、この言葉の正しさを実感することだろう。

どんな仕事でも、職業としてそれに接する時には、そうすることが必要だからということでその仕事に向き合うものである。その場合、あなたは、その仕事をうまくこなしているかもしれないが、時間はなかなか過ぎていかない。幸福な気持ちで仕事に取りかかれば、仕事はやさしく見えるし、時間はより速く過ぎていく。そして、熱意を持って仕事に打ちこむということは、その中に全精神を投入することを意味する。単に仕事をうまくこなしたということだけでなく、以前にそれをやった時よりもよくできるだろう。そして時間の経過についても、なかなか過ぎていかないのとは反対に、仕事をする時間がもっとほしいと思うくらいである。

なぜ熱意がどんな仕事でもそれを大きく成功させるのに役立つか、ということをあなたが少しでも理解できれば、私がそれに特別な重要性を与えている理由がわかるはずである。

専門的なことは省いて、これから潜在意識と、それが熱意によってどれほど活動的になるかについて述べようと思う。

ここでまず、言っておきたい二つの真理があるが、これによって、私がこれから述べようとすることがより理解しやすくなるはずである。

一　潜在意識は記憶の倉庫である。

二　潜在意識は意識とは無関係に、人を動機づける能力を持っている。

おおかたの思考は受動的なものだと言える。種々雑多な思考が、特に意図的な関係なしに、ぼんやりと私たちの意識に入ってきてはまた出ていく。

熱意は、化学で言う触媒のように、特定の目標に向かって反応を促進させるものである。つまり、それは記憶の中に蓄えられた事実を引き出して用いる時に働きかけるものであるが、またさらに、推理や判断に働いて、行動への結論を形づくったり、準備したりすることにも作用するのである。

実例でもって説明してみよう。少しばかり変わったある仕事を与えられた男性がいるとする。その仕事はこれまでやったことのないものであったが、彼はそれを職務として引き受けたので、日常とは異なるその仕事に対して疑念と不安を持ちながら接した。そして、彼は失敗してしまったのである。

同じ仕事を与えられた別の男性は、先の男性とはまったく違った意識で受け取った。彼にとってはその仕事は挑戦であったし、自分はその仕事を成功させる能力を見せることができると考えたのである。彼は熱意を傾けた。そして、見事にその仕事を達成したのである。熱意は動機づける力を生み出すだけでなく、そのための手引きも供給してくれる。あなたはそれを達成する意志を持つと同時に、あなたを成功させるための助言も受けることになるのだ。

熱意は身につけることができるか

熱意は生まれつきのものだろうか、それとも意識的に身につけることができるものであろうか。しかし、この質問はあまり適当ではないであろう。なぜなら、ここまで読んでいるあなたは、今では以前のあなたよりも大きな精神の集中力を身につけているはずだからである。それは、成功というものは到着地ではなくて旅であるということ、そして現在のあなたは、その旅に出ているのだということを悟って以来、ずっと成長しつづけてきたからである。

あなたは、自分の生きる環境をつくり出す主人公であり、もはやその環境があなたを支配しているのではないということに気づいているはずである。あなたはすでに「私はできる」という意識を身につけただけでなく、人生における最大の満足は、物事を達成することから生まれるということを学んできたはずである。

人は誰でも、人生におけるある時期には熱意を発揮する。あなたが野球ファンであるとしよう。ある時突然、とても重要な試合の入場券を手に入れたとする。多くの場合、こうしたことで、熱意によって熱中するという集中力をもたらすのである。そしてまたそのことによって、試合がますます面白くなるのだから、それはそれで結構なことだと言うべきである。

私が本章で言おうとしている熱意とは、誘い引き起こされた熱意であり、意識的に身につけることができる精神集中の状態のことである。ただ、よく覚えておいていただきたいのだが、それは決して見せかけのものではなく、本物であり真実なものであることである。

この本では、熱意のことを論じる前に幸福のことにまず触れておいた。私たちはこの二つのテーマを逆にして、熱意がいかに幸福をもたらすことができるかを示すこともできる。

ハリウッドのある有名なスターが、私設博物館をつくって、その中に彼が世界中から集めた記念品を納めた。ある時、私はこの博物館で彼が主催するパーティーに招かれたことがあった。私はそこでパーティーに出ていたある女性に大変興味を持った。彼女の持つ熱意は際限がなく豊かであった。目にしたものは何にでも関心を持ち、すべてに真剣な熱意を注いだのであった。

このパーティーの主催者も、この女性に大きな関心を示し、他の人たちにはほとんど注意を向けなくなった。その理由は聞くまでもないだろう。あなた自身の心に聞いてみても、あなたは熱意のある人のそばにいるのは嬉しいものだということが理解できるはずである。

私の知り合いのある女性は、彼女を知っている人たちの羨望の的であった。すべての人が、彼女を幸福にするように、彼女のためにいつも何かをしてあげようとしていた。彼女は絶えず贈り物をもらっていたし、彼女の名前はいつも重要な催しの招待客のリストに載っていた。なぜなのだろうか。彼女の熱意のおかげだったのである。

彼女は、彼女のためになされたすべてのことに非常な熱意で応えたので、人々は彼女のためになることなら喜んでしたのである。彼女の熱意は、贈り物とかサービスという代価によってははかられるものではなかった。その背後にある思考に基づいていたのである。

熱意の解剖学

真剣に、そして適切に発揮される熱意は、最も有力な力となりうる。それは人を高い地位にも、力、富、名声を得させることもできるのである。

花が形づくられるためには多数の花びらの結合を必要とするように、熱意をつくり上げるには多数の特別の要素を結合させなければならない。それらのいくつかを挙げてみると、次のようになる。

一　刺激
二　私はなしとげることができるという認識
三　決意
四　行動
五　自己評価
六　幸福

刺激　刺激がなければ、物事をなしとげようという望みも起こらないし、その結果、熱意を沸かす必要もない。

しかし、いろいろな刺激を役に立てるようにするためには、ある程度の想像力が必要である。たぶん最大の刺激は愛――配偶者もしくは配偶者として望む人への愛であろう。あなたは美しい環境の中に建てられた、立派でモダンな家を持ちたいと熱望しているだろうか。もしそうだったら、それはよい刺激――しかも適切で精神的な裏づけがあれば、たやすく現実となりうる刺激である。

あなたは事業家や経営者となることを望んでいるだろうか。もしそうだったら、あなたがひとたび正しい心がまえを身につけさえするならば、充分可能なことである。

あなたは飛行機であちこちを飛びまわるような重要な地位につきたいと思っているだろうか。もしそうだったら、これ以上よい刺激はないのである。

これ以外にもたくさんの刺激を数えあげることができるだろう。あなたが最も望むものを考えて、それをあなたの刺激とすることである。

私はなしとげることができるという認識　刺激を持ったら、今度は、その刺激を現実のものにすることができる、ということを知っているという自覚の状態に達しなければならない。

ろくでもない人間は、この世で欲するものを手に入れることができない理由を一ダースも並べ立てるかもしれないが、それらは決して健全な理由ではない。それは単に言いわけにすぎないのである。

しなければならないことは、自分自身を大きなことをなしとげた人と比較してみることである。そうすると、たった一つの重要な相違を発見するであろう。物事をなしとげた人は、自分がそれをすることができるということを知っている人であり、そうでない人は、なしとげる自分の能力を疑っている人である。

成功者と失敗者の相違は、肉体の違いでもなければ教育の違いでもない。それはひとえに認識の問題なのである。

それが本当だとすると、あなたに必要なのは、自分はできると考えればできるのだということを理解することだけである。だから、落ち着いた気持ちで黙想した後、「私はできる」という心がまえを持つことだ。刺激を持つことだ。そして、私はそれを実現できるということを知ることだ。

決意　この言葉は「私はやる」という本書の題名と同じ意味である。この本全体が、私はやるという決意が成功には不可欠であることを証明するのに捧げられているわけだが、この際、決意が熱意をつくるために演じる役割について、少し考えてみることにしよう。

私の友人に、今まで一度もハワイに行ったことがない男性がいた。彼はいつも行こうと決意するのだが、そのたびに家にいなければならない口実が出てくるのだった。時間がなかったり、お金がなかったりするのであったが、ある時、ついに彼は自分に本当の刺激を与えるのに必要な行動を起こしたのである。彼は旅に出ようと決意した。そして次に、これまであった障害物を全部完全に排除してしまった。それから彼が出発するまでには、たいした時間がかからなかったのは当然のことであった。

決意をつくり上げることがしばしば困難な理由の一つは、目標の達成について考える時に、私たちの心に浮かぶ消極的な言いわけがあるためである。しなければならない仕事について考えすぎ、それをなしとげた場合のいろいろな利益については盲目になるからである。

仕事と遊びとの相違は何か

仕事と遊びの間の相違とは心がまえだけではないだろうか。ゴルフは、会社でする仕事よりもずっと骨の折れることであると言える。しかし、ある人にとってはゴルフは遊びであり、会社での仕事はそうでないのである。また、ある人にとっては、自宅で趣味の木工作業をする部屋では大変な重労働をしていても、結構それで楽しんでいる。それは彼にとっては仕事ではなくて、遊びであるからである。

私はこれまでに、完成させるために多大な労力が必要な多くの仕事をしてきた。それに取りかかる前に、その仕事の量について深く考えすぎていたならば、おそらくその仕事にまったく取りかからなかったかもしれない。

だから、その仕事に必要な労力のことなど思い患わないで、その仕事を完成した時に得られるであろう喜びに気持ちを集中することが賢明ではないだろうか。そして、もし私たちがその仕事の結果としてもたらされるであろう満足や充足について思い描くことができるならば、それを遂行するための決意をつくり出すことも、比較的簡単なのではないだろうか。

行動　イギリスの著述家で批評家でもあったウィリアム・ハズリットは、「私たちは仕事をすればするほど、より多くをできるようになる。私たちは忙しければ忙しいほど、より多くの暇を持てるようになる」と言ったという。彼は自分の言葉の重要性を完全に理解していたかどうか、私はしばしば疑問に思うことがあるが、ともかく、もう少し先に進むと、本書の「第四のステーション」ではすべてが行動について割り当てられている。熱意と関係して説明するために、ここでまず簡単に触れておきたいと思う。

行動とは動いている熱意であるということ。私たちが動機や目標を持ち、それを達成できるということを自覚し、そうする決意をしたとしても、行動が伴わなければ、それはエンジンキーが回されるのを待っている自動車と同じようなものである。

ベンジャミン・フランクリンは、彼の本の中で、ぐずぐずすることを時間泥棒と呼んでいるが、私はこれをもじって、「ぐずぐずすることは機会泥棒である」と言いたい。ぐずぐずすることは行動を延期することである。いったい私たちはなぜ行動を延期するのだろうか。それは、一度行動を開始すれば、じっとしている時よりもより多くの努力とエネルギーを必要とするからである。私たちは次のようないろんな質問を自問して、二の足を踏む。「まず何からやったらよいだろうか」「それをするのに必要なものはどこにあるのだろうか」「私はそれをうまくやることができるだろうか」

私たちが仕事に取りかかるやり方は、次のようでなければならない。まず、何をしようとしているのか。そしてどうやってそれをしようとしているのかを決める。それから、ぐずぐずしないで、それに「飛びこむ」のだ。あなたはこれで、どんなによく、どんなに早くその仕事ができるかに驚嘆することであろう。

行動は発作的なものであってはならない。一度あなたの目標に向かって出発したならば、その行動は継続的でなければならない。もちろん、食事とか休息のための適当な時間をとってのことだが……。高速道路を走るドライバーの中には、自動車を常にトップスピードでせかせかと走らせる人もいるが、水を飲むためとか食事をとるために、ときどき停車しなければならない。そうかと思うと、ゆったりしたスピードで着実に走っているドライバーもいるが、一日の終わりになって比べてみると、こちらのほうがより長い距離を走っていることになるのである。

自己評価　あなた自身を評価することは、独りよがりなことであろうか。とんでもない。実のところ、この世であなたが自分自身について考えるほど、あなたについて考えている人はいない。

あなたは、自らの診断をよく評価していない医者に、愛する者の命を任せるようなことをするだろうか。自らを信頼していない弁護士に重要な法律案件を託すだろうか。自らをよい建築士だと評価していない建築士によって設計された家を持ちたいと思うだろうか。これらの質問に対する答えは、もちろんすべてノーにちがいない。

自己評価とは、あなた自身を好ましい存在とみる結果から生まれる。こう言ったからといって、私はナルシシズム（自己陶酔）をよいと言っているのでもないし、自己評価を自己中心癖（自意識過剰）と混同しているのでもない。自分の長所や短所、また好きなところや嫌いなところなどを、自分自身で正しく理解しているということである。

また、もしあなたを喜ばせる、利口で勉強好きで行儀のよい子供がいるとしたら、あなたはその子のよさをきっと認めていることだろうし、自慢にも思っていることだろう。あなたが自分自身に対して示すべき評価も、ちょうどこのようなものである。しかし、評価を満足とは混同しないことである。後の章でも述べるが、自分自身に満足してしまった瞬間、進歩は止まってしまうからである。これまで述べてきた自己評価とは、あなたの考えや、あなたの行動に、あなた自身が責任をとり、よしとすることに他ならない。

幸福　鶏と卵はどちらが先に生まれたのか。熱意が幸福をもたらすのと同じように、幸福は熱意を生むのである。幸福について述べた前章は、たくさんの熱意を生んだにちがいない。そして、今あなたが熱意について学んでいることは、あなたの幸福に多くのものを付け加えるはずである。

ロイ・スペンスという、学校教育をほとんど受けていない三〇代の男性が、助言を求めて私のところにやってきたことがある。彼は特別な技術を何も持っていなかったので、ごく平凡な仕事につかざるをえなかった。車の運転がうまかったので、トラックの運転手として働くことになった。しかし、ロイはこの仕事が好きではなかった。彼は敬虔なクリスチャンで、お酒は飲まず、一緒に働いていた連中が好んで口にするような卑猥な話も好まなかった。彼は酒席に加わらなかったし、下品なお色気談義にも交じらなかったので、仲間からいつも「意気地なし」と呼ばれていた。

ロイは、決まりきった仕事から仕事へと移っていく生活を繰り返す以外に、自分の未来に対しては何の夢も持つことができなかった。彼に欠けていたものは、人生自体に対する、そして特に彼が人生で演ずることができる役割に対する熱意であった。

「どうして君は自分の事業をやろうとしないのかね？」と、私は聞いてみた。

「どんな事業が私にできると言うのでしょうか」。彼は疑わしげな表情を浮かべてこう答えるのだった。「私には教育もありませんし、お金も、事業をするのに必要な経験もないのです」

「君は仕事がない時は何をしているのかね？」と、私は尋ねた。

「庭仕事をするだけで、他にはたいしたことはしません」と、彼は私の書斎の窓を通して見える庭を見つめながら答えた。

私は力をこめてこう助言した。「どうして君は芝生や庭の手入れをする自分の事業を起こそうとしないのかね？」

彼の最初の表情は、明らかに興味がないことを示していた。しかし、私は、中ぐらいの大きさの庭なら、一日に三つは手入れをすることができるということ、そして彼がその経営者になれるのだということを話してやるにつれて、彼の目は次第に熱を帯びてきたようだった。そのために必要な投資は、芝刈機、熊手、鋤《すき》などを買うための数十ドルのお金で足りるだろうということも話してやった。彼は手入れに必要な道具のほとんどは、すでに持っているということだった。

彼の信仰心に巧みに触れながら、私はこう付け加えた。「ロイ君、そのうえ君は神がつくりたもうたもののなかで働く時のほうが、神のより近くにいられるとは思わないかね？」

熱意が高まりだした。彼は、新聞に小さく広告を出すだけでその仕事には充分だろうと考えついた。それから、妻と自分の暮らしを立てるだけの収入が得られるようになるまでは、運転手の仕事を辞めないで、その仕事の合間にいくつかの庭を引き受けてすることだってできると考えたのである。

見方によっては、この種の仕事はあまり割りのよいものではないように見えるかもしれない。しかし、熱意のある人にとっては違っていた。

ロイ・スペンスは庭の手入れの仕事をはじめた。彼は非常に熱心に仕事をしたので、お客は次々と彼を友人たちに推薦してくれた。やがて、彼に仕事をしてもらうためには、順番を待たなければならないまでになったのである。しかし、これはほんのはじまりにすぎなかった。スペンスは今では、夜の時間を利用して、造園家になるための造園術の勉強をしている。

この男性は、現在では、成功は到着地ではなくて旅であること、そして自分は日増しに幸福になろうとしていることを実感している。

あなたは熱意のステーションに着いたのだ。このステーションと、ちょうど今通り過ぎた幸福のステーションは非常に重要なので、それらが将来あなたにとって何を意味するかということを、完全に理解していただきたいのである。

あなたはただ本を読んでいるだけではないのだということを忘れないでほしい。あなたは人生の新しい生き方を身につけつつあるのだ。昨日のあなたを明日のあなたと比較してみれば、さなぎと蝶の違いにも比べられる差異を示していることだろう。

最初にこの本をあなたが読みはじめた時には、自分は今、できることはできるのだが、そこから成果を挙げるためには、うんざりするほど仕事をしなければならないことに直面している、と考えたかもしれない。

もしそうだとしたら、あなたはまったく間違っていたのだ。事実、ここで論じられた原則は、いずれもあまりにも簡単なものなので、それが効果があるとは信じられないくらいではなかったであろうか。しかも、あなたが学んだことをよく考えてみればみるほど、あなたの推理力は、自分の人生をくすんだ単調さから、はち切れるような喜びに変えるのはどんなに簡単なことかということを、はっきりと理解するはずである。

それから、次のステーションに進む準備をしている今、あなたに一言警告しておきたいことがある。

知識は、それを用いなければ何の価値もないものである。あなたは、自分が読んだ一言一言に賛成してきた。しかし、あなたが学んだものが役に立つということに賛成しただけでは充分ではないのである。手に入れた知識を活用することだ、しかも今すぐに。

あなたは、この本を読み終えるまで待っている必要はないのだし、これらの原則を用いはじめるためには、この旅を完了するまで待っている必要もないのだ。今すぐ用いはじめることだ。あるいは、最もよい言い方をするならば、この原則のもとに生きはじめることである。前述したように、あなたは新しい生活法を身につけたのだから、これから必要なことは、今すぐ新しい生活法に従って生きることなのである。

あなたは熱意を持てただろうか。あなたは幸福になっただろうか。あなたは非常に短い時間で、あなたの人生を著しく変えることができるということを信じたであろうか。

第7章

第三のステーション

楽しい不満

「なんと奇妙なステーションの名前だろう」。旅の行程の中にこの名前を見た瞬間、たぶんあなたはこう思っただろう。しかし、このステーションに降り立ち、そのへんを歩いているうちに、あなたの旅はここにとどまらなくては完成しないということに、あなたも同意するようになるはずである。

エルバート・ハバードの『スクラップブック』の一節の中に、不満のいろいろなタイプについて述べたところがある。

「世の中の不満には二種類ある。役に立つ不満と両手を縛ってしまう不満だ。最初のものはほしいと思うものを手に入れさせるが、二つ目のものは持っているものも失わせる。第一の不満を癒してくれるのは成功だが、第二の不満には癒してくれるものが全然ない」

私たちが考えようとするのは、第一のタイプの不満である。

私の知っている限りでは、「楽しい不満」という表現を用いたのは私が最初であろう。私はこの表現が好きだからである。それは、不満ということについて、私が考えている正確な意味を伝えているからだ。

楽しい不満とは、現在あるがままの自分自身とか物事に対しては満足していないが、自分自身なり物事を、自分の好きなように変えうる力を自分は持っていると考えて、心楽しいという状態を指している。

不満は人間の進歩の根底に横たわっている原則の一つである。それは科学、産業、ビジネスにおいて、また国民の生活において成功した人々の推進力でもある。

アメリカ特許局に登録されているどの発明をとってみても、不満の結果でないものはない。現在あるものに満足できなかった発明家が、それを改善する方法を発見したのである。もし私たちが馬や馬車による輸送手段に満足していたならば、自動車や電車や飛行機を持つようにはならなかったであろう。どんな種類のどんな改良でも、現在あるものに対する不満を示しているのである。

そしてまた、人が現在の自分に満足している限りは、誰も精神的にあるいは肉体的に自分を改善しようとはしないだろう。それを正確に証明する方法を持っているわけではないが、私は次のことを確信している。すなわち、すべての人のうちで、九六％は現在の自分に満足していないが、彼らのほとんどは、ただ自分の両手を縛っているタイプの人たちである、と。

私たちには、自分の人生の新しい道がある。人生の輝かしい道がある。そしてそれは実現できるし、実現するはずだ、ということを知っているから、この旅に出ているのである。私たちがここまで来たという事実は、私たちが自分自身と現在の環境に不満がある証拠なのである。私たちの旅が先に進むにつれて、そして素晴らしいチャンスと新しい展望が開けてくるにつれて、私たちの不満は楽しい不満に変わっていくことであろう。

当然のことと思うこと

ほとんどの人間の大きな欠点は、自分が現在あることを当然のことだと思っていることである。自分はこうあるようになっている、そしてそれ以外にはどうにもならない、と理解している。

私のところに相談にやってきた何千人もの人の話を聞いた結果によると、彼らが自分自身を説明する際には共通したパターンがある。

「私は友達をつくるのが上手ではありません」と自分の孤独さを説明してこう主張する。しかし彼女に質問してみると、友人をつくる努力を何一つしてはいないのである。友人を持つためには、自分から友人にならなければならないということを、彼女は少しも学んではいないのである。

もし彼女が、私は友達ができないようにできているのだという考えを受け入れる代わりに、そのような自分に「楽しい不満」を抱くならば、たくさんの友達に取り巻かれることなどは至ってたやすいことだとわかるはずである。

ある人はまた、「私は生まれつき内気なので」と言う。こういう人に対しては、私は、生まれつき内気な人など一人もいない、と答えることにしている。内気は、私たちが子供の時に身につけた精神的特性なのであって、自分はもともとそうなのだと思いこんでしまうから、大人になっても直らないのである。

若い頃の私は非常に内気であった。人が三人もいる前では、話そうとしても舌がもつれて、ものも言えなかった。私はそれが不満でありながら、長年にわたり前に述べた手を縛られた人のタイプのままであった。

ある日、私は自分の内気さをどうにかしようと心に決めた。それを実行するのに一役買ったのは、エイブラハム・リンカーンだった。私は彼の「奴隷解放宣言」を読んでいた。「私は、なぜこの内気という感情の奴隷でいなければならないのか」と、自分自身に問うてみたが、納得のいく答えは得られなかった。そこで私は、私の中の奴隷を解放しようと決心した。私の感じる不満は、消極的なものから積極的なものに変化した。そして、私は内気を克服したのである。

楽器を演奏することのできない人は、「私は音楽の才能がないので……」と言うかもしれない。道具や機械の取り扱いが下手な人は、「私は機械には弱くて……」と説明するだろう。

デザインとかディスプレイに適した才能を持たない人は、「私は美術的なことはどうも……」と言いわけするだろう。また、何か書きたいとは思っているのだが、少しも書いたことのない人は、「私は文学的才能がないので……」という言葉を吐く。そして、今の自分たちの状態や環境にどっぷりと浸っている人たちにとっては、「私はこうなのだ。あるいはああなのだ」という考えにすがりついていて、変わることができることなどは少しも考えてはいないのである。

線を引いたり絵具で描くことが上手にできないことが、あなたは美術家にはなれないことを意味しているのではない。美術家になりたいと思うそのことこそが、あなたは美術家になる可能性を自ら持っていることになるのである。「できない」という言葉から「ない」という字を消し去って、あなたは美術家になることが「できる」ということを知ることである。現在の自分に対して「楽しい不満」を持つことである。そして、新しく身につけた熱意であなたの道を進むことである。

これは、あなたが持つどんな望みについても当てはまる。あなたは自分がそうだと考えるとおりのものになれるのだ。あなたが自分自身に対して持つ固定的な心のイメージを変えて、現在の自分自身に対して「楽しい不満」を持った瞬間から、あなたは上に登りはじめるのである。


ジョン・ノーマンはどん底に落ちていた。彼はずいぶん長い間失業していたので、借金がたくさんできており、値のつく身のまわりの品はほとんど売り払ったり、質に入れたりしていた。電話は回線を切られてしまい、ガスも電気も、料金を支払わなければ数日中に止めてしまうという警告を受けていた。

彼は毎朝職を探しに出かけては、毎晩同じような冴えない顔色で戻ってくるのであった。

ある朝、外出の支度をしながら、寝室にある等身大の鏡の中に映る自分自身の姿をちらりと眺めた。彼はもう一度それを見直して、それから鏡のほうに歩みより、自分に向かって話しはじめた。

「お前は、すっかりしょぼくれているじゃないか」と、声が口をついて出てくる。さらに「お前のような陰気な男を雇おうとする者がどこにいるかね?」。彼の語調は強くなる。鏡の中の顔には絶望の表情が浮かんでいたし、その目はどんよりとし、口元は締まりなく垂れ下がっていた。確かに同情を引く顔だったが、それはどこから見ても自信のある顔ではなかった。

ジョンは腰を下ろし、あれこれと思いを馳せながら数分間、目は虚空を漂っていた。それから彼は、再び鏡の前に戻り、自分自身にまた語りかけたのだが、今度は前とはまったく違った心境になっていた。

「お前はしょぼくれているのではない」。少し前に言ったこととは反対のことが口をついて出たのである。そして、顔には戦いを挑むかのような意志をみなぎらせて、「お前はこれから出かけようとしている。そして自分の職を見つけて、妻と自分を充分養っていける生活力があることを証明するんだ」と言ったのであった。

ノーマンは身支度を終えると、妻がトーストとコーヒーカップをテーブルの上に並べている台所に入っていった。そして、彼は新しい熱意をもって切り出した。「なあ君、今日俺は仕事を見つけて、これまでの心配事に切りをつけるつもりだよ」。彼の突然の変貌にびっくりした妻は、注いでいたコーヒーを少しこぼしたくらいであった。「いったいどうしたというの？」と、彼女はやっと平静さを取り戻して聞いた。

彼は、鏡の中のみすぼらしい自分の姿を見た時に、自分の心配事に対する答えを発見したいきさつを彼女に話して聞かせた。「俺は、生まれ変わった人間になったんだよ」と、彼は意気高らかに叫んだ。「この新しい精神さえ持っていれば、失敗することなんかあるものか」

貧しい朝食を終えると、彼は妻にいつもより心のこもったキスをして出ていった。その夜、彼は仕事にありついて、ポケットにはなにがしかのお金を持って帰ってきたのである。

彼は町を歩いていて、窓に「セールスマン募集」の貼り紙が出ているのが目に止まった。「これでやってみよう」と、彼は仕事の内容を詳しく聞くために入っていきながら考えた。それは戸別訪問のセールスマンを募集していたのだったが、手数料はその日の終わりに支払われることになっていたのである。その仕事は、正確にはジョン・ノーマンが望んでいたものとは違っていたが、少なくともそれを好機として利用する手はあった。

ジョンが、自分の訪問の目的を話す時の誠実さに逆らえる主婦は少なかったのではないかと思う。彼が示すひたむきな態度は、訪問を受けた人々に伝染していった。そして、彼が話をした人はみな、彼が提供するものをほしいと思うようになったのである。

あの重大な覚醒があって以来、彼の人生に起こったことをすべて説明するには数ページが必要であろう。だから、次のことを言っておくだけにとどめておこうと思う。

現在ではジョンは、数人のセールスマンを部下に持つ地区マネジャーを務めている。借金はすべて返してしまい、質入れしていた身のまわりの品も取り戻した。彼は新しい自動車を買い、週末には妻と一緒に、ローンで買おうと考えている適当な家を探しにドライブを楽しんでいる。

ジョン・ノーマンは不満を持っていた。確かに不満を持っていたのであったが、それは自分の行動を縛るタイプの不満であった。彼は、自分自身がどん底に沈むのを許していることに不満を感じはじめたその瞬間から、事態は好転しはじめたのである。

私は長年にわたり結婚相談のアドバイザーをしてきた。ありとあらゆる結婚に関する相談が、私のところに持ちこまれたものである。内容は種々雑多ではあったが、特筆すべきは、不満であることと、それも自分の行動を縛るタイプの不満がそれらのうちの大半を占めていたことである。私がその相談に乗って、相談者が、自分自身に対して不満の感情をうまくつくり上げることができた場合には、問題が解決するのであった。

私の事務所の壁には、次のような標語が掲げられている。「あなたの結婚を成功させることは、この地球上で最も素晴らしい関係性を維持しているというあなたの指導力の証である」と。私は、結婚を失敗させるには何のテクニックも見識も要らないことをいつも指摘している。うまくいった幸福な結婚は、指導力を物語るものである。夫や妻が「楽しい不満」の表情を表して私の事務所を出る時は、結婚生活の船がもとの港に戻る時である。

「楽しい不満」を身につけるには

「楽しい不満」を身につけるために最初になすべきことは、何について不満を持とうとしているかに気づくことである。「あなたの旅の地図づくり」（第2章）で、あなたは財産、体の状態、仕事の三つの分野について、あなたの目標のリストをつくり上げることを求められたはずだ。そのリストを見直して、単に目標だけでなく、「楽しい不満」の対象リストとして、あらゆる項目について考えてみるのである。今のあなたは、自分のリストを修正しようと思っているかもしれない。そこから取り除きたいと思うものもあるだろうし、付け加えたいと思うものもあるだろう。修正してもかまわない。そのリストを、あなたの現在の目標を表すものにしておくことが大切である。

出来上がったリストを眺めていると、あなたはこう思うかもしれない。「いや、こういったことに全部不満を持つとすると、本当に気がふれてしまうんじゃないか」と。だが、心配する必要はない。

今度の不満はこれまであなたが持っていた不満とは違う。これは「楽しい不満」なのである。

私が前にも言ったように、こういった状態を一度に変えなければいけないと思ってはならない。第一、そんなことはできるはずがないし、また、もしできたとしても何の満足もないであろう。

第1章であなたは、成功は到着地ではなくて旅であることを学んだはずだ。人生の真の喜びは、永久に前のほうに、上のほうに動いている時にもたらされるものである。

もしあなたが自分のリストに記された項目を取り出して、それを重要度に従って並べなおし、その順で実現に取りかかるならば、あなたが新しいことを経験するにつれて、毎日毎日が素晴らしいものになることだろう。

もしあなたが最高級のオーディオ機器と一組の音楽レコードを買ったとしても、聴くべき音楽をストックとして追加していかなかったら、やがてはオーディオ機器に飽き、そして音楽を聴くのもやめてしまうことだろう。いつまでも興味をつないでおくためには、絶えず新しい音楽を追加していなければならないのである。

人生もそのようなものだ。もし私たちがほしいものを一挙にすべて手に入れることができたとしたら、その時点では喜ぶかもしれないが、新しいものが追加されなければ、すぐにそれに飽きてしまうだろう。

年齢についてはどうか

この旅に参加した多くの人は、これまでに述べられてきたことにすべて賛成してくれるであろう。

しかし、こう言うかもしれない。「こういったことは若い人には素晴らしいことだろうが、生活の仕方を変えて人生の成功をつかむには、私は年をとりすぎている」と。このような人が、そうした考え方は間違っていると知ったら、きっと喜ぶにちがいない。

この本を書いている現在の私は、七一歳になったところである。私は、五〇代において、それまでの五〇年を合わせたよりもずっと大きい進歩をしたと自負している。そして、六〇代には、五〇代でなしとげたことよりももっと大きい進歩をしたのである。そのうえ、現在でも進歩が止まったわけではないし、まして下降しはじめたわけでもない。私はすでに多くの資産を手に入れているが、今でもなお「楽しい不満」の根拠を持っている。私が所有したいと思う目標のリストは相当長いものであるし、それが実現されるには、なお時間を要するであろう。

「人生の素晴らしいものを手に入れはじめるのに五〇代まで待たなければならないとは、ずいぶんひどいじゃないか」。好意を寄せてくれている友人が、私にこう聞いたことがある。しかし、私は現在歩んでいるとおりの道以外の道は望んではいない。もし私が今日持っているものを四〇歳の時に手に入れていたとしたら、今ではそれは、私にとっては昔話となっていたであろう。私は何事も当然のことだと思って、人生の喜びに付け加えるものはもはや何も持っていないことになっていただろう。ところが、新しい目標を実現するたびに、新しい喜びが今の私の人生に加わるのである。

ある時、私はニューヨークの古い、旧式のホテルで一週間過ごしたことがある。そこの客の中には、引退してそのホテルに永住している金持ちの人たちがたくさんいた。食堂で彼らが食事をする顔を見るのは、なかなか興味深いことであった。中年を過ぎた男女が、本当に生きているのではなくて、ただ存在しているだけということがはっきりと見てとれるような、無表情な顔をして座っているのであった。これらの人々の多くは金持ちだった。しかし、彼らは不満という意識の働きを失っているのである。

メアリー・ジョンソンは自分の悲しい身の上話を長々とするために、私のところにやってきた。彼女はよい夫を持っていたのだが、夫のジェイムズには野心が欠けていた。彼の収入は、ごく慎ましい家庭を維持するには充分であったが、最新式の全自動洗濯乾燥機や電子レンジなどの、便利な家庭用品を買う余裕はなかった。料理に使っているレンジは旧式のものだったし、掃除をするにも古い掃除機を使い、冷蔵庫も年代物の古ぼけたものであった。

メアリーは夫に、努力次第でもう少しは多くのお金を得ることができるのに、と言ってみたが、夫からは、今のとおりでいいじゃないか、という返事があるだけだった。彼の仕事は非常に安定しているようで、彼は毎日毎日をのほほんとした態度で過ごしていたのだった。それは明らかに、満足することによって駄目になっている男の姿であった。

「あなたの夫を変える方法はたった一つだけですよ」と、私は率直に説明してあげた。「これまでの暮らしぶりに不満を持たせる方法を見つけ出すことです」

私たちはちょっとの間、互いに一語も発しないで見つめあった。その時、私は彼女が先に言ったことの中から一つのアイディアがひらめいたのである。それは家庭のことを説明する際に、彼女は自分たちが郊外の地価の安いところに住んでいるということ、そして家は小さいのだが、庭はどちらかというと大きいほうだと言ったことであった。

ちょうどその日、私は新式の電気芝刈機の広告を新聞で読んでいた。そこで私は「ご主人の誕生日はいつでしょうか」と聞いてみた。「そんなことまでお聞きになってどうなさるのですか。ちょうど一週間後ですよ」と彼女が答えた。私はこう助言した。「もし余裕がおありでしたら、誕生日のお祝いに電気芝刈機を買ってあげることですよ」

一つの新しい道具を買うことで、それにつられてたくさんのものを買うような連鎖反応が引き起こされる。ジェイムズ・ジョンソンの場合がちょうどそれだった。新式の芝刈機で得意になって芝生を刈っている彼を見た友人たちは、彼の人柄を積極的な人間だと評価するようになった。

次にジェイムズは自分の自動車に目を向けはじめた。それはものを運ぶことはできるが、まるで博物館から引っ張り出してきたような代物であった。彼は、新車購入のためのローンのお金をひねり出すことができるかどうかを知るために、いろいろと計算してみた。そして、彼は計算の答えを見つけ出したが、それは大きな不満を生み出すものであった。そこでふと、彼は、今ではたいていの家庭にあるような新式の台所用品を、この計算の答えで買ってやることができたら、妻の仕事はどんなに楽になるだろうかと考えてみた。

しかし、そうするためにも答えはたった一つ、もっと多くのお金を手に入れることであった。彼が働いている会社では、彼よりも多くの収入を得ている人がたくさんいた。また、彼は今の仕事よりもさらに多くの知識を必要とするよりよい仕事があることを知っていた。そして、自ら望めば、勉強して、よりよい仕事につくために必要な知識を身につけることもできるのだ、ということも知っていた。彼の「楽しい不満」という意識の働きが成長しはじめていたのである。彼は本を買ってきた。図書館にもしばしば行った。それから、もっとよい仕事についている人たちとも交際しはじめた。

ジョンソン一家のことに関しては、これ以上細かいことを述べる必要はないだろう。ジェイムズはこれまで得ていた収入のほぼ二倍の仕事につくことができた。これまで住んでいた家を売って、もっと住みよい家に買い換えた。そして、以前よりもずっとよくなった生活水準を維持しながら、彼らとしてははじめて貯蓄をすることができるようにもなったのであった。

「今では私たち二人とも満足しておりませんよ」と、「楽しい不満」に満ちたメアリー・ジョンソンは、彼らの生活に起きた変化を報告しながらほほえんだ。そして彼女は、それが達成された時には、彼らのこれまでの成功など、たいしたことではなくなってしまうような、二人の将来に対する計画について語ってくれた。「私たちは、きっとそれをなしとげることができると思います」と、メアリーは付け加えた。「あなたが最初にお話しくださったあの『楽しい不満』をもってすれば、しようと望むことはどんなことでもできることを私たちは知っています」

私たちは、この素晴らしい旅での、「幸福」「熱意」「楽しい不満」という三つのステーションを今訪れてきた。あなたはこれらのステーションの相関関係に気がついたであろうか。幸福、熱意、そして楽しい不満が、三位一体となって力強く融合していることに思い至ったであろうか。

たとえこの旅がここで終わるものだとしても、これまでにあなたが得たものは、金銭では評価できないほど、完全にあなたの人生を変えることができるはずである。……そのうえ、これからまだまだ多くのことが続くのだ。

第8章

第四のステーション

行動せよ

「人々の行動は、彼らの考えの最もよい説明者である」と、イギリスの有名な哲学者ジョン・ロックは言っている。

とても簡単なアイディアで、財産を築いた男の物語が新聞に大きく出たことがある。「確かに面白いことですね。しかし、私は何年も前に同じようなアイディアを持っていましたよ」と、私を訪ねてきた人が、したり顔でその記事にケチをつけたものである。「どうしてそれを何とかしなかったのですか」と私は聞いてみた。彼の答えは、同じような場合に出会ったら何万という人がするのと同じものだった。肩をすくめたのである。

物理学で私たちは、潜在的と動的な二つのタイプのエネルギーについて学ぶ。潜在的なエネルギーとは、形を変えては存在しているのであるが、表向きには存在していないエネルギーである。動的なエネルギーとは、運動として表れているエネルギーである。私たちは誰でも潜在的なエネルギーを持っている。私たちがそれを動かす時、それは動的なエネルギーとなるのである。

これについて簡単な説明をしてみよう。一個のボウリング用のボールが棚の上に置かれているとしよう。あなたは、もしそれが転がり落ちてきたら、それが当たったものを壊してしまうだろう、そしてきっと床に大きな傷をつけてしまうだろうということを知っている。ボールが動かない間は、それは潜在的なエネルギーとしてある。落ちることによって、動的なエネルギーに変化するのだ。

簡単なアイディアによって財産を築いた男と、前に同じようなアイディアを持っていたが、それについて何もしなかった男のことに話を戻してみよう。第一の男は、アイディアを思いついて、それを動かした。そして収穫を得た。ところが第二の男は、アイディアをつかんだが、それを放っておいた。そして悔恨以外の何物も得なかったのである。

しかし、行動した男を賞賛し、行動しそこねた男を批判することだけでこの問題を片づけるのは、明らかに不当なことである。

原因と結果の法則

しばらくの間、原因と結果について考えてみることにしよう。不活動は原因ではなくて結果である。そして結果を変えるためには、私たちは原因を変えなければならない。

不活動の原因にはたくさんの要因がある。もし私たちがこれらの要因、特に私たち自身の場合に当てはまる要因を理解することができるならば、その原因を変えることによって、望ましい結果をもたらすことはきわめて容易になるだろう。

不活動の理由のいくつかを挙げれば、次のようなものがある。

無能感
時間の欠如
知識の欠如
経験の欠如
怠惰

無能感　非常に多くの人々が無能感によって押さえつけられている。彼らは自分の考えやアイディアに価値があることを信じてもいなければ、どんなことでも有利な方法で行う能力があることを信じてもいない。奇妙に思えるかもしれないが、多くの場合、このような状態は心理的なものであり、子供の頃に心に植えつけられた心理的影響の結果なのである。

思慮に欠ける親たちは、自分の子供に、彼らがやってはいけないことを繰り返し言う。「そこにいてはいけないよ。それを壊してしまうよ。お前には何もわからないんだから……」。こういった言葉は、子供たちの間違いを直してやるために親から出される警告である。このような言葉を絶えず聞かされていると、それは子供たちにとって、自分に対する自信を失わせる原因となり、無能感を身につけさせることになるのである。

このような無能感を持った人は、たとえよいアイディアをたくさん考えついたとしても、たぶんそれはうまくいかないだろうと思って、行動に移すことをためらうようになる。

こう言うと、人はこう聞くかもしれない。「もし私がこうした欠点を子供の時から持っていたとしたら、どうすればそれを克服できるのでしょうか」と。私たちがもし適切な手順を考えるならば、その答えは簡単なことなのである。もしあなたが、庭に草がはびこらないように刈り取ってしまいたいと思うならば、一番よい方法は、根からむしり取って、それを排除してしまうことである。

無能の状態というのも、もともとは一つの考え、すなわち「私はこれをすることができない、あれもすることができない」という考えがはびこってしまった結果である。これを知ってしまえば、「私はこれをすることができる、あれもすることができる」という考えを身につけることによって、このような考えをぬぐい去ることができると容易に考えられる。

私たちは今日、催眠術についていろいろなことを聞いている。催眠術については、長い間、間違った情報が伝えられてきたが、徐々に正しい情報に取って代わられつつある。

「私は催眠術にかかったことなどありません」と自慢げに言う人も大勢いるが、それは単に次の二つのうちの一つを意味しているにすぎない。そういう人は、催眠術にかけられるのを自分自身に許そうとしなかったのか、催眠術をかける人が言っていることに精神を集中する力が欠けていたか、どちらかである。

ごく簡単に言うならば、催眠術は暗示の法則を応用したものである。かける人が暗示を与え、かけられる人がそれを受けて、それに従って行動するのである。

私たち誰もが絶えず暗示をかけているのだが、催眠療法家として知られている人はごくわずかである。もし暗示をかけられる人が、かける人のことを信頼していたとしたら、その人は意識的にせよ無意識的にせよ、その暗示に従って行動するであろう。

自己暗示についてもよく論じられてはいるが、あまり理解されてはいない。人は、実際に自分に暗示をかけるためには、特別な精神を持っていなければならないと考えているようである。ところが、誰もが絶えず自己暗示による影響を受けていることには、いっこうに気づいていないのである。

あなたは「失敗することはわかっている」という考えを持つたびに、自己暗示の原理を働かせているのだ。あなたを失敗させるようなことを考え、そのようなことをするように、あなたは潜在意識を文字どおり教育している。あなたが「それをすることができるのはわかっている」という考えを持つ時には、あなたは自己暗示の原理によって潜在意識に、あなたを成功に導く指示を与えているのである。

すなわち、自己暗示の原理によって、あなたは子供の時に潜在意識の中に植えつけられた印象を蘇らせているのである。もしあなたが自分は無能だという考えに従っていたとしたら、「私のアイディアは価値がない。私は物事をうまくやる能力がないのだ」と絶えず考えることによって、さらにその無能感を強化しつづけるのである。

自己暗示の原理は、あなたにとって不利に作用することができるのと同じように、あなたにとって有利に作用することもできるのである。それはきわめて簡単なことで、ただ単にあなたの考えを変えさえすればよいのである。「できない」というように考える代わりに、「できる」というように考えるのだ。「やれない」と考える代わりに、「やるぞ」と考えるのである。

これを試みて、その効果を試してみることだ。あなたは、この本の前のほうで、知識はそれを用いなければ何の価値もないということを理解しているはずだ。その真理にのっとって、あなたが今学んだことを今すぐ用いはじめなさい。積極的な思考に置き換えることによって、消極的な姿勢を正すことだ。

もしあなたが自分のアイディアの価値を信じることができなかったら、次のような考えを持ってみることである。

「私は健全で建設的に考える立派な精神的能力を持っているのだ。私の意識に流れこむ考えは、積極的で実際的な考えなのだ」

ただこれを一度や二度言うことで結果を期待してはいけない。あなたは、これまでの生涯にわたりずっとあなたについてまわった姿勢を正そうとしているのだ、ということをよく覚えておかなければならない。

潜在意識は決して眠らないのだから、このような言葉をベッドに入る直前に、いつも数回繰り返すのだ。そうすれば、潜在意識は一晩中それを保持しつづけるようになる。朝になって目が覚めたら、また何回もそれを繰り返すのである。日中でも、思い出したら常にそれを口にすることだ。あなたの考えに大きな変化が起こると気づくのに、そう長くはかからないであろう。そして、あなたの無能感は消えはじめているだろう。

時間の欠如　時間の欠如は理由にはならない。それは口実にすぎない。「時間はみな君のものだ」とアーノルド・ベネットは言ったが、まったくそのとおりなのだ。

古いことわざに「時は金なり」という言葉があるが、これはむしろ控えめな言葉と言ってよかろう。時間はお金以上のものである。時間があったら、お金を稼ぐことができる。しかし、たとえ大きな財をなしたとしても、あなたは自分が持っている以上の、あるいは暖炉のそばで猫が過ごす以上の時間を一分間でも多く買うことはできないのだ。

朝の時間は黄金の時間である

ある知人が悲しそうに愚痴を言った。「私は音楽をやりたいのですが、時間がないのです。会社から家に帰ると、もう練習をする元気がないんです。そして週末は週末で、月曜日から元気で仕事に出かけられるように、少しは休息をとらなければならないと思いますし……」

私はこの知人の日々の習慣を点検してみた。彼は朝七時に起きて、洗面と着替えに二〇分、朝食に二〇分、会社に向かうバスの停留所に行くまでに二〇分かかっていた。

「六時半に起きて、毎朝半時間は練習するというのはどうですか」と私は助言してみた。はじめは、彼はこの助言にはひどく不機嫌だった。自分が取らなければならない休息のことなど、私は意に介していないと思ったのだろう。しかし彼も最後には、少なくとも試しにやってみることで納得した。この件について、彼が後で私に言った言葉を引用してみよう。

「私は、あなたのあの助言のおかげで大変助かりました。朝早く練習することは全然つらくはありませんでした。大変愉快なことでした。気分が新鮮なうちにはじめることは、エネルギーを消耗するのではなく、逆に一日の仕事のために、てきぱきとした気分を注入することに役立ちました。私は音楽にますます夢中になってしまいましたので、最初にやった六時半に起きることから、今ではそれよりずっと早い時間に、楽器を手に持つようになりました」

あなたの時間についての予算

限られた収入しかない人が、支出の予定を立てなかったらどうなるだろうか。彼は、家賃、食費、衣服費、旅費、保険などの毎月の固定支出があることを知っているはずだ。経済的に問題を起こさないためには、毎月受け取る収入の中から、これらの項目のために準備しておかなければならない。

ところが時間についての予算ということになると、どれだけの人が考えているだろうか。こちらのほうが、お金の予算を立てるよりもずっと重要なことなのだ。お金は、もしそれをなくしたとしても、また手に入れることができる。しかし、失われた時間をまた手に入れることは、可能な領域を超えていることなのである。永久になくなってしまうのだ。

あなたは、まず自分の典型的な一日を分析してみて、それをどれだけ効果的に使えたかを見てみることである。八時間働き、八時間眠る（私は、睡眠中にリラックスすることを心得ていれば、七時間でも充分だと考えている）。あなたにはこれでもまだ八時間残っているわけだが、それで何をしたらよいのだろうか。食事と会社への往復に三時間とったとしても、まだ五時間残っているわけだ。

「よく学び、よく遊べ」。こんな言葉をよく聞くが、この言葉にも真理はある。しかし、遊びが効果的であるためには、それが楽しいものであると同時に、体を休める健康的なものでなければならない。借金とか収入の少ないこととか、好機をつかみそこねたことなどで頭を悩ましながらぶらぶらしていたのでは、休息とは言えない。事実、そのようなことでは疲労が増すだけでなく、がっくりくることのほうが多いであろう。

ある男性（仮にボブ・ジョーンズと呼んでおこう）は独立して仕事をはじめようと思ったが、そのための準備をする時間がないのと、仕事に着手する資金がないために、それができないでいた。

「あなたは、何時に夕食を済ませますか」と、私は聞いてみた。

「七時頃です」とボブは答えながら、急いでこう付け足した。「午後七時すぎに仕事をしろとおっしゃられるのは困るんです。会社でのつらい仕事の後で、休養を取る時間が必要なのです」

私はこう助言した。「あなたが自分と妥協して、月曜日と水曜日と金曜日の七時から一一時までの四時間を、あなたの目標を達成するのに用いるためにとっておくことにしたと想像してごらんなさい。もしそれが大きな報酬となって返ってくるとしたら、あなたはそうすることができますか」

ボブは数秒間考えていたが、それから突然、殉教者になったかのように、そうすることができると同意した。

ジョーンズには彼の目標を達成するために、突破していかなければならない二つのハードルがあった。自分が選んだ事業の経験と知識を身につけることと、仕事に着手するための資金を手に入れることであった。

この二つのうち、まず突破すべきことはお金をつくることであると私は助言した。これができてしまえば、彼は精神的な準備さえすれば直ちに事業に取りかかれることがわかっている。だから、知識と経験を身につけるために精を出して働くという刺激を持つことになるわけである。

この計画を準備するための時間が割り当てられたわけだから、今度は、この時間をお金に換える方法を発見することが必要であった。しかし、これもごく簡単であることが私にはわかった。

ボブ・ジョーンズは人好きのする性格であったし、なかなか話し好きでもあった。だから、さらなるお金を手に入れる手段として、余暇を利用してセールスをし、これからはじめる事業のためにそのお金を全部貯金するのがよいということになった。

これはなかなかよい助言だったことがわかった。最初の週に、彼は二五ドルあまりのお金を手に入れることができた。そして間もなく彼のコミッション（手数料）は週一〇〇ドルになったのである。彼の新しく開いた預金口座の額は増えはじめた。貯金は数百ドルとなり、やがて彼の預金通帳には数千ドルが記入されるようになった。

「一事成れば万事成る」という言葉があるが、ボブ・ジョーンズの場合はまさにそれであった。セールスの成功に気をよくして、さらに有望な地域の独占的販売権まで手に入れた。彼は小さな事務所を借り、セールスマン募集の広告をし、そしてとうとう彼の事業をはじめたのである。

彼の収入は急速に増えていったため、残業をする必要がなくなったばかりでなく、好きなゴルフやその他のスポーツさえ、やろうと思えばできるようになっていった。しかし、ボブ・ジョーンズはそうはしなかった。彼は余暇の時間の持つ金銭的価値を理解し、それを無駄にすることはお金を捨てるのと同じだということもよく知っていた。彼は、現在も引き続いて月・水・金の夕食後の時間を有効に使っている。しかし、自分でセールスをする代わりに、その夜の時間を利用して、セールスコンテストやその他の急速に伸びている彼の事業を、さらに活性化する手段を獲得することに向けられているのである。

この事例を終える前に、ボブに、週三回の彼の休息の夜を放棄したことが、彼の何を犠牲にしてしまったのかを、彼自身の言葉で語ってもらおう。

「私の目標を手に入れるため毎週三晩を捧げたことによって、私はどのような犠牲を払ったでしょうか。一つ失ったものがあると断言します。やがて自分の事業が持てるのだ、ということが明らかになってからは、私の熱意はこのうえなく燃えあがり、休みの夜よりも仕事に出かける建設的な夜のほうが待ち遠しいくらいでした。そうです、時は金なりです。私は、何もしない無駄な時間を失い、犠牲にしてしまいました。そして代わりに、それをお金に換えたのです」

時間に価値を認めなさい

紙幣は、手に取ることができるだけでなく、商品やサービスと交換できるから、私たちにとって一定の価値を持っている。私たちは、お金が手に入った場合、それを放っておくこともしないだろうし、それを無駄に使ってしまうこともしないだろう。私たちはそれを大切にする。では、時間とは目に見えるもので、有形の価値を持っているものだと想像してみよう。私たちは、自分にとって価値のあるものと交換しないまま、それを手放すだろうか。そんなことをするはずがない。職が与えられた場合、あなたを雇った人は、まずあなたの時間を買うことを意味する。そのわけは、時間を持っていなければ仕事をするすべがないからである。また、お店に行く場合、あなたは買いたい品物に対して何を準備していくべきかを知っているはずだ。そして、商品の価値の何倍もするものをわざと払うような馬鹿なことはしないであろう。

　あなたの時間に価値を認めなさい。一時間一時間が、どれだけの価値があるかを考えなさい。それを認めれば、あなたは自分の時間で買うものの価値を評価することができるようになるであろう。

　私は、あなたの生活を能率一点張りにして、娯楽の価値を失わせようとしているのだろうか。時間にけちな人間になることを強要しているのだろうか。時計があなたの敵になるような状況をつくろうとしているのだろうか。このような質問に対する答えはノーである。千回答えてもノーである。「今日はよく仕事をした」という思いで一日を終える以上の心の充足はないはずだ。このような思いが、充分な休息と平和な眠りに役立つのである。

　遊びの時間も仕事の時間と同様に大切である。生活はよく調和がとれていなければならない。仕事をしては休み、そして遊ぶ。これが幸福で、上手な生き方のこつである。しなければならない仕事に、あるいは、することができたであろう仕事に気を引かれながらでは、有効に休むことも遊ぶことも不可能である。

知識の欠如　無能感を克服し、時間を管理することを覚えてしまえば、知識を蓄えることは容易であり、かつそれが楽しみともなるのである。図書館もあるし、通信教育もあるし、夜間学校もあるのだから、知識を求める場所がないという正当な言いわけはないはずである。

　あなたが選んだテーマが、あなたにとって本当に興味のあるものならば、学ぶことが容易であるばかりでなく、それが楽しいはずである。

　規則正しく勉強することだ。一定時間を勉強する習慣がいったん形づくられると、それは毎朝起きると服を着るのと同じように、自然なものになるであろう。

勉強にあたっては、ゆっくりと急ぐことである。ページをめくる時には、理解を確実にするために、書いてあることをしばらく思い返してみることだ。

あなたが、この本でこれまで述べてきた忠告に従っているのであれば、そうしなければならないと思うから勉強するのではなくて、あなたが勉強したいと思うから勉強しているはずだ。そうすることによって、あなたは新しい事実を知るたびに、喜びを身に感じているはずだ。

経験の欠如　知識は、それが経験に転換されるまでは、なかなかその価値を発揮しないものである。たとえば販売の方法を学んだとしても、その知識を用いるには経験が必要である。ピアノを弾く知識を一晩で学ぶことはできるだろう。音符やそれが鍵盤のどれにあたるかを知ることはできるだろう。しかし、それだけでピアノを弾くことはできない。知識を経験に転化するには、時間が必要なのである。

人は行動することによって経験を身につけるのである。まず生活を組織化することによって勉強の時間を見つけることができたが、それと同じ方法で、経験を身につけるための時間を見つけることができる。興味のある分野について経験を得るために、余暇を利用してできる仕事をやってみるのもよい方法である。

この章、あるいはステーションは、人をその人の目標に向かって行動するよう激励するために設けられたものである。

あなたには当てはまらないことと思うが、不活動の原因はもう一つある。それは次のことだ。

怠惰　私はこの言葉が漠然と用いられることを好まない。不活動と同じように、怠惰は原因ではなくて結果である。そして、不活動の原因がいろいろあるように、いわゆる怠惰にもたくさんの原因がある。

自分がしたいと思うことをしている間は、人は決して怠惰にはならないものだ。だから、怠惰な状態を克服するには、あなたがしなければならないことを好きになると学ぶことである。

建設的な空想

あなたは旅に出てから、ちょうど今、「行動」のステーションを過ぎようとしている。

次のステーションに楽しく進みながら、私が「建設的な空想」と呼ぶものの力を借りる方法をお教えしよう。目を閉じて、最初のステーションの「幸福」に着いた時の喜びを思い出していただきたい。そのステーションにとどまっていた間に学んだことを全部、心に蘇らせていただきたい。

黙想のうちに、今度は第二のステーションの「熱意」に進みなさい。人生への新しい興味を発見して、あなたの脈拍が速くなるのを実際に感じとってみよう。あなたは、昨日の問題が明日の挑戦になっていくのを感じるはずである。

あなたの思いが、今過ぎたばかりの「行動」のステーションに差しかかったら、これまでの生活を思い返し、将来はこうなるとあなたにわかっている生活と比較してみよう。

デモステネスの言葉を言い換えて、私はこの章を次の言葉で締めくくっておこう。成功するための三つの基本的なものは次のことである。行動せよ、より多く行動せよ、そして常に行動せよ。

第9章

第五のステーション

連続性が大事

「新しいステーションに着くたびに、それは、すでに訪れたものよりもずっと魅力あるものとなっていきます」と、あなたは言うかもしれない。このように思うということは、あなたの心の中に起こった変化の結果なのである。多くの人はおそらく、「これは私にとって害はなさそうだし、少しはよいこともあるだろう」といった気持ちで、この旅に出たことと思う。

しかし、いったん旅に出てしまって、あなたを成功と幸福の他は何も知らない、新しい精神と意識の国に連れていくというのは本当なのだということを知った。それからは、あなたが到着する新しいステーションは、いずれも素晴らしい経験となってきているはずである。これがあなたにとって、着く先々のステーションが、いずれもさらによいものになってくる理由なのである。

「連続性」というこのステーションは、行動は連続性を伴わなければならないということを私たちの心に印象づけることになっている。

有名なドイツの詩人ゲーテは、「前進していない者は後退しているのだ」と言ったが、これは確かに真理である。静止しているものは一つもないのだ。だから、私と一緒にこの旅に出ている人々は、行動を起こすだけでなく、絶え間なく行動しつづけたいという、抑制しがたい衝動に駆られているはずである。

私が強調したいのは、次の一点である。自分の行動が必要に基づいていると思うような気持ちではいけない、と。

何かをするように駆り立てられたとしても、それで大きな成功に達することはまれである。出来上がりは思ったほどよくないし、それをするのに何の喜びも感じられないであろう。

あなたの行動が行動したいという欲求から出ていて、意志の力から出ているのではないことを自覚することが必要なのである。ローマの哲学者セネカは、「進歩の大部分は進歩への欲望である」という有名な言葉を述べている。

詮索好きな私の心は、なぜ彼らが現在のようであるのかという理由を知るために、いつも人々の生活の中に立ち入っている。もしある人が素晴らしい成功をおさめたとしたら、私はその人が失敗者とはどこが違うかを知りたいと思う。失敗者は失敗者で、彼が失敗した理由を知りたいと思う。

私は、こういった驚くほど多くの事例の中から、人々が失敗するのは彼らがよい心がけをやり通さなかったせいであることを発見したのである。成功した人は、これに反して、いったんやろうという目標を決めたら、一貫してそれを追求しているのである。

大変成功したある人に、「あなたは自分自身を駆り立てたことがありますか」と聞いてみたことがある。

「私を駆り立てるですって？」。彼はその質問が面白くてたまらないように笑って答えた。「なぜですかね、ベンさん。私はこれまで面白くない仕事なんかやったことがありませんよ。毎日私は、自分の努力が新しい果実をもたらすのを見ることで、新しい喜びを感じていますよ」

ジョン・ダジェットという四五歳になる男が、自分が成功することができるように教えてほしいといって、私のところにやってきたことがある。この時までに彼は完全に失敗してしまっていて、その精神は急速にどん底状態に陥りつつあったのである。彼は成功したいとは思っていたが、自分は運がないのだと思いこんでいるようであった。

この男性の過去についていろいろと話しているうちに、私は彼が大人になってから、それぞれ異なった四つの分野の仕事をしたことがあることを知った。しかしどの場合も、目標に到達する前にその仕事を変えているのだった。言葉を換えて言うなら、彼は行動を起こしはしたのだが、その行動には持続性がなかったのである。彼はやりはじめ、立ち止まり、それから自然の法則によって引き返すのである。

私たちは四つの分野のそれぞれを別々に検討してみた結果、彼自身も、もし飽きずにやり通すならば、そのうちの一つでは成功することができただろうということを認めたのである。

何事にも理由がある

ある人が成功するのには理由があるし、ある人が失敗するのにも理由がある。

私がそのような理由に関心を持っているのは、私たちが今の私たちである理由を知っていれば、それについて何かの手を打つことができるからである。

やりはじめた計画が完成までには至らないという人が多いのはなぜだろうか。このような人たちのことを説明するのに、怠惰だとか、不甲斐ないとか、いろいろな言い方が使われてきたが、それらの結論のほとんどは間違っているのである。多くの人がなぜ成功の一歩手前で止まってしまうかという重要な理由は、その仕事への深い愛よりも、お金を儲けたいという欲望から仕事に取りかかるからである。

ある若い男性が、両親が強くすすめるので、法律の勉強をすることにした。彼の両親は、法律家という職業は大変威厳のあるものだと思っていたからである。そしてまた、弁護士たちが得ている大変な報酬についても聞き及んでいた。彼らは、人の尊敬を受けられ、同時に収入もよいということから、自分の息子を弁護士に仕立てようと思ったのであった。

しかしその青年は、法律には全然興味がなかった。彼は販売業に興味を持っていた。何か品物を売る仕事をやりたいと思っていたのである。しかし彼は、弁護士という職業を選べという両親の説得に従った。その青年は所定の勉強を終え、国家試験にも合格し、法律事務所を開いた。三年間というもの、彼は苦闘したが、暮らしていくのがやっとであった。愛する女性とも、幸福にしてやれないと思ったので、結婚しないままであった。

この弁護士のわずかな顧客の一人に、食料品店を経営していた人がいたが、老齢と病気のために商売をやめなければならなくなっていた。そこでこの若い弁護士は、この店主に掛け合って彼の商店を引き受け、利益の中から一定額を支払っていくことにしたのである。

生活は見違えるほど活気あるものになってきた。この青年は、とうとう彼が希望した仕事につくことができて、その仕事を成功させ、働く時間も思ったよりも少なくて済むようになり、今では繁栄への道を進むようになった。そして、ついに例の愛する女性とも結婚したのである。

何か新しいものが市場に現れると、模倣者や競争者がたくさん出てくる。しかし模倣者はごくわずかしか成功しない。それにはそれ相当のとても健全な理由があるのである。たいていの場合、開拓者は、その仕事に心から興味を持っているため、その世界に飛びこんだわけである。彼らはその仕事に関わりのあることなら何でも楽しいこととなるのだが、模倣者や競争者は、利益を得られそうだということだけでその世界に引きつけられることがほとんどである。

大変優れた、見たところ無限の可能性を持った新しい商品が市場に現れた。その会社に雇われていた一人の男は、これこそ金脈だと考えて、コミッション(手数料)で働く代わりに自分で商売をはじめようと決心した。この男性は資金を出してくれるように友人を誘い、自分の会社を設立した。しかし、その商売は一年と続かなかった。そしてつぶれた時には三万七〇〇〇ドル余りの負債を抱えていたのである。この男性は今では、自分と妻を養うために、あるホテルで雑用係をやっている。

計画に従って働くこと

あなたが地図には載っていない道路で、おまけにやはり地図に載っておらず、わけのわからない方向に走っている脇道がいくつもあるその道路を、自動車で走っていると考えてごらんなさい。あなたの自動車はそんなに遠くまでは行けるはずがないであろう。少し走ったら、走るのをあきらめてしまうことだろう。

計画がないために仕事に失敗するということはしばしばある。仕事には熱心でも、適切な計画を立てないでそれに取りかかったためである。

行動の実際的な計画をつくり上げるには、取らなければならない大変重要なステップが二つある。まず第一に、あなたは自分が何を望んでいるかを知らなければならない。あなたはまず目標を持たなければならないのだ。こう言うとあなたは、自分は自分が望むものを知っているから、これは自分には関係がないと考えてしまうかもしれない。しかし、本当にそうだろうか。

自分が望むことを本当に知っている人は、驚くほど少ないものである。知っていると思っていても、はっきりした答えを出してみようとすると、途方に暮れてしまうものである。

人は、目標を持つだけではなく、それ自体が明確なものでなければならない。もし自分の事業を持とうと思うのだったら、それはどんな種類の事業であるのか。製造業か、問屋か、小売りか、通信販売か、自分がすでにそれをやっている姿が実際に心に浮かぶほどはっきりと、その事業を心の目で見なければならないのである。

この問題に関する私の講演を聞いた後、一人の女性が私のところにやってきて、自分は何を望むかを知っています、と語ったことがある。彼女は作家になりたいと思っていたのであった。

「どんなタイプの作家になりたいのですか」と私は聞いてみた。

彼女は、そこまでは考えていませんでしたというように、ちょっと赤くなった。私は彼女に、作家にはフィクション、科学、歴史、伝記など、さまざまな分野の作家がいることを指摘してあげた。児童文学専門の作家もいるわけだ。それから、雑誌専門の作家もいれば、新聞専門、あるいは探訪記事専門の作家もいる。

この説明を聞いて、彼女は自分がまだ目標のごくわずかな部分しかつかんでいなかったことを理解した。彼女には入っていきたい分野はあったのだが、そこでどのようなことを目指すかまでは考えていなかったのである。

あなたはもっとよい職業を求めているのだろうか。もしそうだったら、その職業をはっきりさせることだ。どんな種類の職業か。あなたが完全にその仕事に没入できるほど、そしてこれまでよりもずっとよく働くことができるほど大きな喜びを与えてくれるような職業を、心に思い描くのである。雇い主にとっても、自分が望んでいることが何であるかを知っている人たちを雇いたがるものである。

私がある大きな事業を経営していた時に、どんな仕事でもいいからさせてください、と言って仕事を求めてくる人が多かった。こういった志望者に私があまり関心を持たなかったのは、この種の人たちは、仕事を求めているというよりも、収入を求めていることが明らかであったからである。もし、はじめはどんな仕事でもよいから、将来会社に規定の役職につけるような仕事を与えてくださいと言う人が現れたら、私はその人に関心を持つだろう。私には、一生懸命努力して立派な人間になるような人物を雇えることがわかっているからである。

「私はあなたのためにこういう種類の仕事をしたいと思っています。それでしたら、とてもよくできると思うのですが……」。ある時こう言ってきた志望者があったが、私は非常に関心を持って、細かい点をいろいろと聞いてみた。

この男性は、非常に利益を得そうな、仕事の新部門についての計画を説明した。彼はまた、自分はその部門を切りまわしていくのに適任だということも私に納得させた。彼はその日から雇われることになった。これは、目標を持っているうえに、それを明確なものとしていた男性のケースである。

あなたの目標は自分の家を持つことであろうか。それなら、それについてはっきりさせることだ。どれくらいの大きさの、どんなタイプの家を持ちたいのか。土地はどのへんにしたいのか。

私が知っているある男性は、結婚して二六年にもなるが、いまだに借家住まいである。彼と妻は、いつも自分たちの家がほしいと言っているのだが、とても手に入りそうには見えない。この男性は自分の家を欲してはいたのだが、それはただ漠然とした希望にすぎなかったのである。

彼は、自分と家族がこのような家に住んでいるさまを実際に心に描くことができるほど、目標をはっきりしなければならないと教えられた。

日曜日には、この夫婦は車を駆って、家を建てるために好ましい土地を探して近くの土地を見てまわった。ある日彼は、ちょうどよいと思われる敷地を見つけた。彼も妻も二人とも、これこそ自分たちがほしいと思っていたものだと感じた。その土地の持ち主はさしあたってお金に困ってはいなかったので、彼は頭金なしの長期ローンでその土地を買いたいと申し込んでみた。

その土地は手に入った。しかし彼らは、長期ローンを利用しようとはしなかった。彼らはその土地を完全に手に入れることを熱望していたので、夫は残業をし、余分に得たお金を全部土地購入にまわしたのである。彼が土地代金を完済したのは、それから間もなくのことであった。

土地代金を払いながら、二人は夜の時間を利用して家を建てる計画を練っていった。やがて彼らは、新しく手に入った土地を飾るにふさわしい家、彼らの夢の家を心に描けるようになった。

土地購入の支払いさえ済ませれば、銀行が家を建てるのに充分な資金を貸してくれるのが普通である。彼らは家を建てる資金を手に入れ、大がかりな新築祝いをしたのは、それからいくばくも経っていなかった。

この夫婦は結婚してから二六年間も家がほしいと思ってきた。そして、彼らはその目標をはっきりさせてからは、二年も経たないうちに自分のものである新居に移転したのである。

あなたの障害を考えなさい

あなたと目標達成の間には障害があるものである。もしこれが本当でなかったら、お金にせよ高層ビルにせよ、あなたがほしいと思うものは何でも手に入れることができるはずだ。

あなたは、目標を、しかもはっきりとした目標を持たなければならないということを学んだはずだ。そして私の知る限りでは、なぜこれが大切なのかという私の説明も理解したはずだ。

あなたはまた、目標達成を可能にする行動計画を立てなければならないのだが、あなたの行動計画をつくりはじめる前にあなたが踏まなければならない、非常に重要なステップがある。

あなたは、自らの行動計画がその障害を克服することができるようにするために、あなたと目標達成との間に立っているあらゆる障害を知っておかなければならないのである。

私の成功法の研究では、成功に達するために避けなければならないことを知るために、失敗について研究することになっている。その結果、私は相当の数の失敗において、その失敗の理由は成功と失敗の間に立っている障害のことを考えなかったことにあるのを発見したのであった。行動計画が完全ではなかったのである。

一方、もし行動計画がそのような障害を念頭において考えられているとしたら、障害が起こった場合でも、それに対して準備ができているわけである。

自分の事業を持ちたいということを目標としている男性がいたとしよう。彼が出会うと思われる障害にはどんなものがあるだろうか。仮に、経験の欠如、知識と経験を得るためのお金の欠如、必要な資金を手に入れるための時間の欠如などが障害として考えられるとしよう。

古代スコットランドの首領だったカルガクスの言葉に、「未知のものは大きく見える」という言葉があるが、これは私たちと私たちの幸福の間に立っている障害に関しても真理である。

もしあなたが単に希望の形でしか存在しない目標を持っているとしたら、あなたとその目標達成との間に立っている未知の障害は、あなたの潜在意識には、目標を達成することなど到底不可能なほど大きく映ることであろう。そこであなたは、来る年も来る年も、自分がついていないことを嘆きながら迎えるということになるのである。

しかし、私が今あなたに伝授している原則に従うなら、あなたの目標を達成することがどんなに簡単であるかがわかるはずである。あなたが自分の障害を書き出してみるにつれて、あなたを支配すると思われていた状況を、あなたが支配することができるという勝利感が、胸中に広がってくるはずである。

だから、はっきりした目標を立てたら、鉛筆と紙を手に持って、あなたの障害を書き出してみることである。行動計画を立てるにあたって考えなければならないと思われることを全部書き出してみることである。

あなたがこれから着く二つのステーションは、あなたの障害に新しい意味を与えるはずである。それらは、むしろ構成要素と考えられることになるはずである。しかし今この場では、私たちは、なぜ目標に到達するのに失敗した多くの人々に行動の連続性が欠けているのか、なぜそのように多くの人々が勇敢なスタートを切ったのに、やがて元も子もなくしてしまうのか、という重大な理由について考えているのである。

あなたの障害を全部書きあげてしまったら、それであなたの障害を克服し、目標を達成することを可能にする行動計画をつくりはじめる準備ができたことになる。


あなたがいったん幸福と熱意と楽しい不満を持って行動しはじめたら、そしてよく考え抜かれた行動計画に従えば、完全な勝利を阻むものは何もないということは、今ではあなたにとって明らかなはずである。

この章のはじめで、あなたの行動は行動したいという欲求に基づいているべきであって、意志の力を用いることによって強制されるべきではない、ということを告げられたはずだ。

今となっては、あなたは一度自分自身を正しい軌道に乗せたら、決してそこからはずれることはないという私の意見に賛成することであろう。仕事を続けるようにすることよりも、楽な気分で休養するようにすることのほうがずっと難しいこととなるだろう。

問題を期待しなさい

あなたの人生において、問題（解決すべき事柄）がなくなる時など決してない。そして、あなたが得るものが大きければ大きいほど、あなたの問題もより大きくなるのである。

しかし、この旅行であなたが身につけつつある精神と意識をもってすれば、問題はむしろ挑戦として受け取られるだろうし、あなたは、自分はそのような問題を上手に切り抜けられることを知っていて、勇敢にそれと対決することになるだろう。

あなたの持つ問題に対してむしろ感謝すべきである。しばらくの間、何の問題もない人生というものを心に描いてみるとよい。とてもそんな生活はしたいとは思わないほど退屈なものであるにちがいない。

いつもいつも勝ってばかりいるとしたら、どんなゲームでも面白くはないだろう。人に勝利の喜びを与えるのは、障害や問題を克服するそのことにあるのである。

もしこの世の中で、努力しないでほしいものが何でも手に入るのであったら、私たちは何もほしいとは思わなくなるであろう。

問題が起こるということ、それはあなたがその問題に負けないくらい大きいのだ、そして将来成長するための機会を提供してくれているのだ、という気持ちで、それに感謝を捧げることだ。なぜなら、あなたは一つの問題を解決するたびに成長していくのだから。あなたは現在の問題を解決するということだけでなく、将来似たような問題が起こった場合にも、それを解決することができるようになるであろう。

成功は到着地ではなくて、旅である。この真理は、あなたが先に進むにつれてますますはっきりとしてきたのではないだろうか。

若かった頃の私には、優れた奇術師の友人がいた。彼は私に、気前よくいろいろな神秘的なトリックを教えてくれたものだった。とても人の力とは思えないような彼の秘術のいくつかも、種を明かしてもらうと、子供でもやれるような簡単なものであった。

人生で成功するのに失敗した人のほとんどは、成功というものを、まるで手品というごくわずかの選ばれた人だけがやりとげられるものでも見るように考えているようである。

私は、成功という種を隠しているカーテンを引き開けて、成功するのはそう難しいことではないことを、とても簡単なやり方であなたに示してきたはずだ。事実、成功するための最も基本的な条件は、成功することは決して難しいことではない、ということをあなたが知るような意識状態に自分自身を置くことにあるのである。

この旅の今までの段階で、私たちはいろいろな原則を身につけてきた。これから迎える次のいくつかのステーションでは、これらの原則を適用することを私たちに教えてくれるだろう。

「動作が感情をつくる」とある偉大な哲学者は言っているが、これはあなたがこの本で学んできたすべてのことに、特に当てはまることである。

あなたは、今や新しい生き方を身につけはじめているのだということを教えられてきた。これを現実のこととするためには、あなたの前に明らかになっている諸原則に従って生活しはじめなければならないのである。

あなたは、これまで読んだことには全部賛成してくれるだろう。いや、賛成するにちがいない。しかし、これらの原則をあなたの毎日の生活に適用しはじめない限りは、それらはあなたにとって何の価値も生じないのである。

毎日毎日、私は私の道を進んでいる

習慣とは、悪い習慣にせよよい習慣にせよ、すぐ容易に形づくられるものである。私たちは、これはやめないでしっかりやろうというよい決意をすることもあるが、ともすると誘惑に負けてしまって、一日や二日は仕事のことを忘れてしまうこともある。このようなことをしていればしているほど、ますますそうしやすくなり、やがては、一度芽ばえた熱意に満ちた感情の高まりは消えてしまい、私たちのよい決心もくじけてしまうことになる。

「毎日毎日、私は私の道を進んでいる」。これは、私が毎朝朝食をとる部屋の壁に掛けてあるモットーである。これを見ることによって、私はその日にしようと思っていることのほうに私の考えを向かわせる原動力にしているのである。

しかし、ここまで来て私は、あなたの行動の持続性について改めて注意を向けさせる必要があるであろうか。

あなたは熱意に満ちて新しい生き方を実践しようとしているであろう。あなたは「スタート」の合図を待っている威勢のよい馬のようになっているはずだ。

私たちはもうすぐ次のステーションに着こうとしている。これまでのステーションから手に入れたものを、残らずしっかりと自分のものにしていることだ。

第10章

第六のステーション
構成要素を考える

遠くから見たのでは、新しく近づいてきているステーションは、これまで過ぎてきた多くのステーションほど興味深いものには見えないかもしれない。しかし、そこには楽しい驚きが待っているはずである。このステーションで私たちが得るものは、これからの私たちの人生にとって非常に価値のあるものであることがすぐにわかるであろう。

物理学で、すべての物質はごく微細な粒子、すなわち原子から構成されていることを私たちは学ぶ。この本では、原子のような小さなものに注意の焦点を当てようとしているわけではないけれども、人が持つどんな目標も、それはたくさんの要素、つまり「構成要素」からの合成物であるということを指摘しておきたいのである。

なぜわずかな人だけしか目標を達成できないのか、あなたはその理由を知っているだろうか。それは、完全な目標とするために必要であるたくさんの「構成要素」のことは考えないで、全体としての目標にだけ注意を向けているからである。

具体的に説明していくとこういうことになる。ブラック氏は財産のない男性である。彼はごく普通の人がもらっているくらいの給料で働き、小さな家でごく慎ましく暮らしている。彼の衣装箪笥にはわずかな衣類しか入っていないし、車も古くてもう何年も経っているものである。そして蓄えというものがなかった。

ブラック氏はホワイト氏と知り合いであったが、ホワイト氏の環境はブラック氏とはよい対照を示していた。ホワイト氏は、美しい敷地や、余裕のある大きな家屋といった、大変大きな資産を持っていた。彼は家事手伝いや家の管理や庭園の手入れをする人までも雇っていた。多くの蓄財のおかげで、彼は大変豊かな生活を楽しんでいたわけである。

ブラック氏はホワイト氏をうらやみ、彼と代わることができたらと思っていた。ブラック氏の誤りは、ホワイト氏の境遇をはじめからそうなのだと思いこみ、その結果として、ブラック氏の環境と彼との間の差異をあまりに大きく考えていたため、彼も同じような生活ができるなどとは想像することさえできなかったところにある。

では、ホワイト氏の人生絵巻を分析し、その「構成要素」を吟味してみよう。まず、ホワイト氏ははじめから今のような状況ではなかった。実のところ、ある時期ではブラック氏の現状とまったく同じような生活をしていたのである。しかし、その時のホワイト氏は、彼の運命に満足してはいなかったのである。彼は、他の人が成功の峰に登ることができるのだったら、自分もまたそうすることができるはずだということを知っていた。彼は「楽しい不満」を身につけていたのである。

ホワイト氏は、必要なものを見つけ出してそれを満たせという、成功の根本原則の一つを用いることからはじめた。彼は、どの家庭にとっても非常に便利な厨房器具のアイディアをつかんだのである。彼の事業に力を貸してくれた友人からわずかな資金を出してもらって、ホワイト氏は事業をはじめた。はじめはうまくいかなかった。彼の会社も、すべての新しい事業所と同じ生みの苦しみを味わわねばならなかった。その製品は、はじめのうちはその地域だけで売れていたが、やがて州全体で売れるようになり、それから隣の州へと販路が広がり、ついには全国的に販路が開けるようになった。

ホワイト氏は、彼の事業が成功するにつれて、注意深く選んだ投資によって蓄財を増やしていった。彼の生活水準も、もちろん彼の事業の拡大に歩調を合わせて向上していった。彼は数回移転したが、そのたびによりよい家に移っていき、とうとう現在にまで至ったのである。

ホワイト氏の人生を形づくっている「構成要素」を見て、あなたはそこにブラック氏の、あるいはその他のどんな人の可能性をも超えている状況は、一つも見出しえなかったはずである。そしてまたホワイト氏の大きな満足は、このような位置に達した今となって、はじめて生じたものではない。彼にとってもやはり、成功は到着地ではなくて旅だったのである。彼の喜びは、「楽しい不満」を身につけ、そのことで何かをしようと決心した瞬間から生じたのである。

拡大鏡を手に取って、新聞に出ているどんな写真でもよいから点検してみるとよい。写真はさまざまな大きさのたくさんの点によって構成されていることがわかるだろう。

誰であろうと、現在ある境遇は経験の連鎖の結果なのである。そして、現在の環境から希望する高所に登るためには、その人は、踏まなければならないステップについて計画しなければならない。

私の説をさらに強力なものにするために、他の事例を挙げてみよう。

「死んでしまったほうがずっとましなのですが……」。わずかな小遣いまで結婚した娘の厄介になっている七一歳の老人が、こう嘆いた。自分の境遇を説明しながら、彼は小商いをやっている同年輩のある男性のことを話題にした。そして、「あんな運のいい人はいないと思うのですよ」と、絶望のため息をつきながらぼやくのであった。

これもまた、人生絵巻を全体として見るだけで、それを「構成要素」に分解してみないで、他の人が現在ある境遇をうらやむことだけに時間を費やしている人間のもう一つの見本である。

この老人は、何か売れそうな商品の代理店となって、それを売って収入を得てみたらどうかと言われて、そのとおりにしてみた。これまで自分が陥っていた無気力を振り捨てて、思い切ってやってみたのである。彼は何人かの老人たちに、自分と一緒に仕事をするように口説いて、彼らの仕事を世話してあげる代わりに、その売上げのいくらかが自分の手に残るようにした。

やがて生活態度を変えたこの老人は、自分の小さな貸しアパートを持つことができるまでになり、自分の義理の息子に施しを受ける代わりに、息子の家を買う援助をすることができるようになったのである。

あなたの目標を分析しなさい

もしあなたが、たとえばサンフランシスコからニューヨークへの大陸横断自動車旅行をしようとしているのだったら、ニューヨークのこと以外は何も考えないで旅立つようなことはしないだろう。まず第一に、あなたの車の状態について確かめるであろう。エンジンからタイヤに至るまで、安全な運転ができる状態にあるかどうかを見るだろう。

走行ルートも考えるであろう。南方のルートをとるか、中央の道を行くか、それとも北方にするか。もしあなたが旅行慣れしていれば、途中で観光見物する場所もあらかじめ決めておくかもしれない。言葉を換えて言うならば、その旅行を構成するすべての構成要素がそこで考えられるわけである。

あなたの目標も、たくさんの構成要素から成り立っている全体として考えなければならない。

私はときどき気分転換に、ジグソーパズルをすることがある。いろいろな形をした小さなピースを集めて、そこから意味ある絵をつくっていくのは、なかなか楽しいものである。

私たちが目標に対して正しい態度をとる場合、すなわちたくさんの「構成要素」がお互いに補完しあって、目標を実現させていくさまは、ちょうどこのジグソーパズルをしている時のようである。

ここで私たちは、「成功は到着地ではなくて旅である」という私たちの最初の前提を、次のように言い換えてみよう。「私たちの目標の達成は、到着地ではなくて旅である」

一にも態度、二にも態度

態度がすべてである。人生の幸福も成功も、すべては私たちが直面している将来に対して、私たちがとる態度にかかっているのである。

私たちが変化を望んでも、その変化を可能にするために踏まなければならないステップに対して正しい態度をとることができないならば、達成はほとんど不可能であろう。

しかし、もし私たちが、どのような目標が私たちを幸福にしてくれるかをはっきりと心に描くことができ、その目標をつくり上げているどの「構成要素」の中にも喜びを見出すことができるならば、やがて素晴らしい経験の中へと導かれることになるはずである。

このような状況のもとでは、急いで目標を達成しようなどと焦るようなことはない。あなたが目標への一歩一歩を楽しんでいるのだったら、たとえその目標が多少遠くに見えようと、そんなことでくじけるようなことはない。

目標とそれを達成するために必要な要素についての私の講演を聞いた後で、一人の女性がこう言って私に近づいてきた。

「私の場合には、あなたのご説は当てはまらないようです」と、彼女は言う。さらに生意気にもこう付け加えた。「私は夫がほしいのです。そして私には、その目標を構成要素に分解する方法がないのです」と。

「しかし、あなたはできるはずですよ」。私は力をこめてこう保証した。それから彼女の目標を、こうすれば目的を達成できるという論理的な手順を通して分解してあげたのである。

彼女に必要なことは男性を探す代わりに、まず男性が求めるような女性に自分を仕上げることであった。それを達成するためには、魅力的な人柄をつくるいろいろな特質を身につけなければならない。このような個性をつくり上げたうえで、ふさわしい男性と出会えるよう、自分を人前に出さなければならない。これには教会活動とか、クラブとか、いろいろな公的・社会活動に関わりあいを持つことなどが役立つであろう。

私はこう語ったのであるが、彼女もすぐ、他のすべての人と同じように、彼女の目標も多くの「構成要素」からなっていることに同意した。私のもとを去った時の熱意が彼女にもしまだ失われずにあるとしたら、互いに理解しあえる男怯と幸せになっているであろうと私は確信している。


少し前のこと、飛行機で旅行をしていた時に、その飛行機が大きな住宅地の上を飛んだことがある。何百という家が通りに沿って整然と並んでいた。それらの家は、デザインはそれぞれ違っていたけれども、地域全体が一つの開発会社によって計画されたものであることは明らかであった。

「なんと大きな事業だろう」。私は投資された莫大な金額のことを思って考えた。

しかし、その「構成要素」のことを考えてみると、それはいろいろな作業の単純な連続だということがすぐにわかった。そのアイディアが、まず誰か先見の明のある人の頭の中に浮かんだ。そしてその考えは、製図板の上に具体化された。土地の買収が計画され、資金計画が行われ、投資家に呼びかけられた。建設業者との契約ができ、その建設業者が今度は適当な労働者を集めた。そして、次々に一歩一歩実行して、ついに私の目に入ったその住宅地が完成したのである。

「自分の目標に向かって出発しても、それに到達するにはたくさんのステップを踏まなければならないことがわかったとしたら、その人はがっかりしてやめてしまうのではないでしょうか」。ある時、私はこう聞かれたことがあるが、私はそれに対して、次のような例を引いて答えた。

「深い谷の上に架かっている、非常に狭い橋を歩いて渡りはじめたと考えてごらんなさい。それから立ち止まって、あなたと谷底の間の空間を見下ろしたとしたら、あなたは恐れをなして引き返そうとするかもしれません。そうではないでしょうか」

彼はそうだと答えた。そして、私が考えを述べ終えるまでもなく、橋を渡る場合に、もし彼が向こう側に着くことに精神を集中しているならば、渡りつづけるのに何の困難も感じないだろうということに同意したのである。

今私が言ったことからも、自分の目標に到達するためには、それにしがみついてやり通すように自分を駆り立てなければならないということがわかるはずである。道の途中で止まってしまってはいけないのである。すでに通過してきたステーションのことを思い返してみると、あなたの目標への各ステップが素晴らしかったのは、あなたが幸福、熱意、それに楽しい不満によって動機づけられているせいだということがわかるはずである。あなたが完成を期待するのは、それがあなた自身でやりとげることだからである。あなたは、イギリスの詩人、W・E・ヘンリーが言った言葉「私は私の運命の主人である。私は私の魂の指揮者である」を実証するにちがいない。

実現するためには――心の絵に描きなさい

すべての業績は、はじめは想像の絵にすぎなかった。あなたの目標を心にありありと見えるようにできればできるほど、目標達成を可能にする行動計画をつくり上げることが容易になるのである。私たちはこれまでに構成要素について話してきた。あなたは、どんな全体でもそれが部分からなっていることを理解したはずだ。

あなたの目標を形づくっている構成要素を書き出してみることは、各ステップを遂行するにあたってあなたがしなければならないことを正確に心に思い描くのに、大変役立つはずである。

製図板を用いないで建物を設計する建築家を考えることができるだろうか。建築家は、心の中に考えている建物の構造に必要なすべての要素を紙に書き出すだろう。

彼は、はじめはつくろうとする家の形についての心の絵だけしか持っていないだろうが、それからあとは、機械の助けを借りて、建物の一段階一段階を心像化していくのである。

ジョンという男性が精神的な援助を受けたいと言って、私のところにやってきたことがある。彼は経済的に落ちるところまで落ちこんでいた。妻と息子を養うことができなかったばかりでなく、大変な借金を背負っていた。彼は、自分は自殺してしまったほうが家庭のためになるのだが、とさえ言うのだった。いくばくかの保険に入っていたので、その保険金が家族に大変役立つだろう、妻もまた彼女のわずかな収入の中から自分の世話をする費用が軽減されるだろう、というわけだ。

「ジョン君、もしある人が、君が今年の終わりまでに今の窮地から自分で抜け出せたら、一〇〇万ドルを進呈しようと言ったら、君はどうするかね？」。私はこの意気消沈した男性にこう聞いてみた。

私の事務所の一角に小さな机があった。私はジョンに鉛筆を渡し、その机に向かって、どのような計画を考え出すことができるかやってみるように言った。私は彼を一人ぼっちにして、自分の仕事をやりはじめた。

一時間余り経った頃、ジョンは彼の計画を私のところに持ってきた。私はそれが実際的かつきわめて簡潔であることにびっくりした。私はそれを彼に返しながら問い直した。

「これで結構。しかし君は、いったい今までなぜこれをやってみなかったのかね？」

この画期的な日から五年経たないうちに、ジョンと彼の家族は、自分で買い求めた居心地のよい家に住んでいる。着るものも立派になったし、息子を大学にやれるだけの収入も得られるようになった。

ジョンが彼の境遇を一つの全体として見ている間は、その絵はがっかりするほど暗いものにしか見えなかった。自分を更生させることは、とても無理なことと思われた。しかし、ジョンがそれを構成要素に分解し、一歩一歩解決していくやり方で自分の問題を見直してからは、上昇は容易なものとなったのである。

私たちのこれまでのステーションで、目標を持たなければならないということ、そしてそれははっきりしたものでなければならないということ、すなわち、やりとげたいと思っていることが何であるかを正確に知らなければならない、ということを学んだはずである。

今度はあなたが、その目標を取り上げて、それをその構成要素に分解する番である。あなたの望むものを完全に満たすために、現在の立場から考えて、採らなければならないと思われるそれぞれの手順を書き出してみることである。たくさんの要素を書き出しすぎては、などと心配する必要はない。所定の高さに登るのに、ステップが多ければ多いほど、登るのは容易になるのである。

このリストをつくるにあたっては、熱意も忘れてはならない。心に熱意を持つことは、車に合ったガソリンを入れておくようなものである。それは、あなたの心の仕組みをより効果的に働かせる原動力となるのである。

時には自分自身を空想の国に置いてみるのもよいことである。リストをつくりながら、自分は有能なカウンセラーで、あなたを成功に導く見本を設計しているのだと考えてみるのである。

正しい精神状態を保っていることは、あなたの計画に楽しみを加えるだけでなく、それによってずっとよい計画が出来上がることにもなる。

ある大きな会社が倒産寸前になっていた。経営上の失策のために、営業成績が極度に低下し、支払わなければならない請求書は巨額に達し、しかもどんどん増えていくので、破産は時間の問題のように見えていた。

一人の若い女性が、この一見望みのない仕事に立ち向かう勇気を示したのである。彼女が仕事に取りかかって一年経たないうちに、業績は上がりだし、これまでの負債はきれいになくなっていた。

どうやってそうすることができたのかと聞かれて、彼女は控えめにこう答えた。

「私はまず自分が大学に戻って、いま直面している問題を経営学の課題として解くように教授から言いつけられたと考えることからはじめました。問題全体を一般的な方法で扱うことによって、私は何の圧迫感もなしに作業することができました。ですから私の考えには、それをやりとげる自分の能力を疑うなどという気持ちは微塵もありませんでした」

私が知っているある夫婦が、ヨーロッパへ旅行をしたいと思っていた。彼らは長年、この希望を持っていたのだが、飛行機に乗りこむところまではどうしてもいかなかった。

ある秋に、彼らは構成要素の考え方を聞いたのだが、彼らはそこから、自分たちがなぜ旅行に出るのに成功しなかったかをすぐ了解した。今度は二人は、ためらうことなしに春には旅立つことを宣言した。そしてそれを実行したのだった。

夫が最初にしたことは、旅行代理店に行って、家族を連れていきたいと思う場所を選び、そうするにはどれだけのお金がかかるかを正確に調べることであった。こうすることによって、彼が何を目的に働かねばならないかが少しはっきりしてきた。どれだけのお金が必要かを知ることによって、出発する前にそのお金を入手する計画をつくらなければならないわけだ。

次にこの男性は、その旅行にどれだけの時間が必要かを、ほとんど一時間刻みで調べあげた。こうすることによって、彼はそれだけの時間、仕事を休むことができるような計画をつくり上げることができた。

考えなければならない構成要素は他にもあった。持っていく衣類や、それを入れるのに充分な鞄なども準備しなければならなかった。

彼はこういったことを一つ一つ考え抜いた後で、その計画を実行に移した。そして出発の日が来た時には、この夫婦は、用意万端整っていた、というわけだった。

多くの人は、魅力的な人柄を持っている人をうらやましがる。そして、自分でこのような人柄を持つことなどは到底望めることではないと思ってしまう。そこでもう一度、私たちが今考えている「構成要素」の観点から、魅力的な人柄をつくりあげている諸要素について考えてみよう。

魅力的な人柄とは、人が持っているとか持っていないというようなものではない。それは、親切とか世話好きとか愉快さとかいった、性格上のいろいろな特長が結合したものなのである。魅力ある人柄を持つ人を研究してみることだ。その人が持っている好ましい特性を全部書き出してみることだ。そのノートを検討してみると、そこにあなたが身につけることができない特性を見出すことはないであろう。

これであなたにも、正しいやり方でやりさえすれば、好ましい人柄を身につけることは決して難しいことではないということがわかっただろう。

私は数年前、ウェスタン大学で創造心理学の講座を受け持ったことがある。そこでは、この本で述べている多くの原則を学生たちに教えたのであったが、学生の中に一人の若い技師がいて、この男性は精神とその作用について勉強することに興味を持っていた。この章で述べられている原則についての講義を聞いた後で、彼はこう言ったのである。

「私は、科学的原理に基づいた成功の法則を学んだのは、今度がはじめてです」。彼は力をこめて言ってから、こう続けた。「私は思うのですが、先生は、狂いのない機械と同じような正確さで動く公式を教えてくださったのです」

私は全生涯を通じて、常に「なぜ」と「どのようにして」という二つの鍵となる言葉に導かれてきた。私は、なぜそれが作用するのか、そしてどのようにして作用するのか、ということを知ろうとしてきた。

私がこの本全体を通して、単に原則を教えるだけでなく、なぜ、そしてどのようにしてそれが作用するかを説明してきたことは、あなたもお気づきであろう。

これらの原則が非常に簡単に見えるからといって、それを軽く扱ってはいけない。そして、それをあなたの心にしっかりと植えつける最善の方法は、それを用いてみることである。

すぐ目の前にある次のステーションに着く前に、今すぐ、あなたの目標の一つを取り上げて、それを構成要素に分解してみることである。目標を達成するために踏まなければならない、すべての考えうるステップを書き出してみることである。

あなたの構成要素を配列すること

このリストに関して、あなたがしなければならない作業がもう一つある。鉄道の時刻表には、各ステーションは到着順に並べられている。あなたも自分のリストを取り上げて、着手順にそれぞれの構成要素を並べ直してみることだ。

まず第一の構成要素、すなわちあなたがとるべき第一歩を書くのだ。それから順次、それに続く構成要素を書き出して、それをあなたの目標に到着するまで続けるのである。

例を挙げて説明してみよう。あなたの目標は自分の事業を持つことである。とすれば、あなたのリストに書かれる構成要素には次のようなものがあるだろう。

一　お金と知識を手に入れる時間の欠如
二　その事業に関する知識の欠如
三　資金の欠如
四　その他

この場合、最も重要な構成要素は、知識を身につけるための時間を見つけ出すことである。だから、これがまず第一に大切なことである。その次に重要な構成要素は、あなたの新しい事業のための知識を身につけることである。だから、これは時間の要素の次にくる。あなたはまず時間を見つけ、それをその件に関して知らなければならないことに精通するために用いるわけだ。

次は資金の番である。あなたは余暇を利用して、余分の収入を得るか、あるいはあなたと共同で事業をやってもよいという人を探さなければならない。

このようなリストが一度完成してしまうと、あなたの目標についての決定からその実現に至るまでの、あなたがとらなければならない全ステップを、ありありと見えることができるようになるであろう。

私たちがこのステーションに近づいた時に、私は、それがあまり重要には見えないかもしれないとほのめかした。おそらくあなたは、その時には私の言うことに賛成しただろうが、今ではあなたは「構成要素」というこのステーションに止まらなかったら、あなたの旅はずっと不完全なものになっていたことがわかったであろう。

第11章

第七のステーション 分解と統合をしてみる

この旅は、私には非常にリアルなものになってきた。私と旅行をともにしている男女の個性もはっきりしてきた。その顔にいぶかしそうな表情を浮かべて出発した人たちも、新しい生活の道が彼らの前に開かれるにつれて、今では晴れやかな顔つきになりきつつある。

もしこの本の読者が、私がこの本を書きながら示している熱意のいくらかでも身につけつつあったならば、それは、今まで買った本の中でおそらく最も優れた本であるという証拠となるだろう。

私たちは風変わりな名前を持ったステーションに着いたのであるが、あなたはこれをよく覚えているであろう。私たちは、すべての業績をたやすく達成させる魔法の方式を学ぼうとしているのである。

辞書によると、統合という言葉の意味は「部分、要素、その他を、全体を形づくるように合成もしくは結合すること」と定義している。私たちが自分の目標を完成された全体として考えること、それが統合なのである。このステーションでは、私たちは部分に分けていくことを学ぶであろう。たとえば、時計を時計として考える（統合）代わりに、時計が時を刻むように構成されている多くの部分について考える（分解）のである。

建物は資材の煉瓦やブロック、木材などを一つ一つ組み合わせてつくられる。旅は一キロずつ進んでいく。絵は一筆ずつ描かれていく。完成された全体だけにこだわっているだけでは、それを生み出す仕事を困難なものに見せることになるが、全体を構成する要素という観点から考えてみると、それはシンプルなものになってくるのである。

もしあなたが煉瓦づくりの建物をつくろうとして、完成された建物の絵だけしか心に持っていなかったとしたら、その仕事は途方もない難事に思われて、おそらく作業をやろうとする勇気をなくしてしまうだろう。しかし、一枚の煉瓦を積むこと自体は何でもないことだし、その煉瓦の上にもう一枚の煉瓦を重ねることはたいしたことではない。そして、煉瓦の上に煉瓦を積み重ねることを続けていれば、壁が完成する時は意外に早くやってくるのである。

これからあなたは、二重の意味での観察力を身につけはじめることであろう。あなたは物事を全体として考えると同時に、それを単位の集合として考えるようになるであろう。これは、他の方法では得ることのできない優越感をあなたに与えることになる。

ある時、私は自分の道楽仕事として、わが家の台所を改装しようとしたことがある。私はそれを、建築雑誌などによく出ている素敵な台所にしようと思ったのである。まず、部屋全体のデザインを検討しなおしてみることにした。今使っている棚は取り払い、部屋の一隅につくりつけのテーブルと椅子を置いて、朝食を食べるところにしよう、最新式のレンジ、冷蔵庫、食器洗い機などといったものも据えつけよう、と考えた。

私の第一番目の仕事は、製図板の上で必要な計画を描きあげることだった。こうすることによって、必要な材木や金物を書き出すことができた。

仕事ははじめられ、数週間後に完成した。私はその出来栄えに満足だったし、人からのほめ言葉は余計に私の満足感を高めてくれた。しかし、その仕事を完成するためにしなければならなかったいろんなことを振り返ってみた時、もし私が仕事に取りかかる前にその仕事の全体量を考えていたなら、おそらくそれに着手しなかっただろうと思わざるをえなかった。しかし、その仕事を一つ一つに分解して考えたおかげで、それが容易に、かつ楽しくできたのである。

著述を生業とするようになる前、私には著述家だった一人の友人がいた。その当時、彼のもとで出版される前の彼の原稿を見たことがあった。それは用紙に印字されて、数センチもの厚さになっていることがしばしばあった。「これは大変な仕事の量だ」。その大量の原稿を見るたびに、私はそう思ったものである。私は、そんな労力を要することは、とても自分にはやれそうもないと恐れをなしていた。しかし今では、私は出来上がった本を大量のページの固まりだとは考えないで、章とか節とか、時には一語一語の集まりだと考えるようになっている。

まず私は、その本の主題を決めると、それを章に分ける。各章で主題の一つの側面を扱うようにするわけだ。これができてしまえば、私は一時に一章分にだけ精神を集中すればよいわけで、本は驚くほど早く出来上がっていくのである。

観察すること

このへんで観察力を身につけることについて少し考えてみるのもよいだろう。

私たちは誰でもものを見るが、観察する人はきわめて少ない。これについてはいくらでも証拠を挙げることができる。たとえば、あなたの家庭あるいは会社にはいくつかのカレンダーがあるだろう。それを見ないで、カレンダーに書いてある広告主の名前を言ってごらんなさい。たいていの場合、あなたはそれを覚えていないことと思うが、その名前は、年のはじめからあなたの目の前にぶら下がっていたものである。

あなたの近所にあるいくつかの家の色を思い出してごらんなさい。多くの場合、あなたは何年となくそれらの家の近くで暮らしてきたのだが、それらの家について細かいことを思い出そうとすることは、なかなか難しいものである。

一ドル札に印刷されているのは、誰の写真か。五ドル札のは？　二〇ドル札のは？　あなたは当てずっぽうで言うかもしれないが、正確には覚えていないだろう。

ニューヨークで、私は珍しい展示会のことを友人に話したことがあった。私は、それが開かれている大きなビルの名前を言った。「そのビルはどこにあるのかね？」と彼は尋ねた。その場所を言うと彼は顔を赤くした。なんと彼はそのビルの前を、ここ数年間毎日二度ずつ通っていたのだった。たいていの人は見るだけで、観察しないものである。

観察力を身につけることだ。全体を構成している要素を見る習慣をつけることである。

あなたはただ漠然と雲を見ているのか、それともその面白い形や、ふわふわした白からひと荒れ来そうな暗灰色に変わっていく色合いを見ているのか。絵を見る場合であったら、ただ単に絵全体をぼんやりと見ているのか、それとも構図、技術、彩色などを心にとどめているのか。

自然は私たちに観察されるためにできているのである。もしあなたがまず目を閉じて、それから目を開くと、あなたは最初に、自分の観察の範囲に入ってくるあらゆるものの完全な絵を見るであろう。これは束の間の印象にすぎない。もう一度見直した時から、あなたの目はその絵を部分部分に分解しはじめるのである。あなたの目はその絵の小さなところまで凝視して、それを細かい部分に分解するだろう。自分でやってみれば、私の言う意味がわかるはずである。少しの間だけ目を閉じて、それから目を開いた時に見るものに注意しなさい。あなたの視野は広い範囲を見渡すであろう。しかし、その全体を漠然と見つづけていようと思っても、それはできることではない。あなたの視線は、次第にその絵の細かい部分に固定してくるはずである。しかし、こういったことはすべて見ることであって、観察することではない。

見るということは、視野に入ってきた目的物の絵を単に受け取るだけのことである。観察するとは、このような絵を、それがあなたの認識の一部となるように、記憶の中に記録することである。観察力を養うことは、あなたの目標を形づくっている構成要素を分析するのに非常に役立つはずである。

見るものを観察する習慣をつけることである。職場の行き帰りにもなるべく違った道を通って、途中で見るものに注意することである。物事に注意することは、あなたの考えを刺激することになる。あなたは、物事がなぜ今のような形であるのか、そして多くの場合、どうしたらそれを改善することができるかを理解しはじめるようになる。

そして、あなたの観察力が増すにつれて、あなたは人生からより多くのものを得られるようになるだろう。あなたの精神は興味深い考えで活性化されるので、退屈するなどということは起こらなくなるであろう。

集中すること

観察と集中の間には関係があるが、差異もないわけではない。両方とも、私たちの前に開かれようとしている新しい人生にとって、重要な役割を演じるものである。

観察するとは、あなたが見るものに注意することを意味する。集中とは、あなたの考えを整理するにあたって、考えが完全に熟すまで、特定の目的なり主題なりに専念することである。個人的な相談事のために私のところにやってくる人の三人のうちの少なくとも一人は、思考を集中する能力に欠けていることを認めている。少なくとも彼らの自己評価に従えば、「精神集中」という言葉は、彼らが持っていない特質なのである。

肉体的欠陥とか心理的劣等感のために集中力を欠くというケースはあるが、そういったことはごくわずかである。有能な医者から特に注意されたのでもない限りは、あなたには当てはまらないと考えてよいだろう。

精神の集中は開発しなければならないものである。それは、私たちが持っているとか持っていないというようなものではない。もし自分は精神を集中することができないと信じているようだったら、それを「信じている」というのだから、これは大いに脈があると言えよう。

どのようにして精神を集中するかということを説明する前に、多くの人がなぜそうすることができないのかを理解するほうがよいかもしれない。集中することが困難だという人は、決まって「私は精神を集中することができないのです」と、他の人に対して、でなければ自分自身に対して言うのである。このようなことを言うのは、潜在意識に対して、注意を散漫にするように教育しているのとまったく同じことなのである。

することができないと心から信じている事柄は、決してできるものではない。これはどんなことについても当てはまる。記憶することができないと考えている人は記憶能力が弱い。もしあなたが絵を描くことができないと思っているのなら、やってみないことだ。楽器をうまく弾けないと考えているのだったら、楽器には手を触れないことだ。ものを書くことができないと考えているのだったら、ベストセラーを書くことなどとても望めないことである。私は、あなたがこういったことを決してできないだろうと誘導したり暗示しているのではない。しかし、あなたがそう考える前に、それができることを知っているというところまで、あなたの意識が変わっていなければならないのである。

あなたも知っているように、潜在意識は、意識とは関係なく推理能力を持っている。しかし、このような推理はすべて演繹《えんえき》的なものである。演繹的推理とは、現在手元にある情報にのみ基づいて結論に達するということである。簡単な例を挙げてみれば、誰かが絵を描きたいと思ったとしよう。その人は、赤、青、黄の三色の絵具を持っている。演繹的に推理すれば、出来上がった絵の色はこれら三色の一つかあるいはいくつかに制限することになると思われるだろう。しかし帰納的に推理するならば、それらの色を混ぜ合わせることによって、他の色合いが得られないかどうかを試してみることになるだろう。

また、推理するにあたっては、潜在意識は論理を用いないということも指摘できる。潜在意識は「どうして?」といった問いかけはしない。このことは、潜在意識が知識を機械的に、すなわち言われたとおりに決まりきったやり方で吸収すると言えばわかりやすいかもしれない。もしあなたが「私は精神を集中することができない」という言葉を繰り返しつづけるならば、あなたの潜在意識はそれを事実として受け取り、またそのような考えが残っている限り、あなたは精神を集中することができないことになるのである。

神の創造物の極致を表現していると考えられる精神が、なぜ消極的な考えを受け入れ、とりわけその考えに基づいて行動するのかということは、これまでもしばしば問われてきた。簡単に説明するために、電話のつながり方について考えてみよう。あなたがダイヤル番号を押したら、それを受けた電話局の機械は、人手を借りずに、非常に複雑な回線を経て、おそらくは何百キロも離れている他の電話につながる。すなわち、あなたが番号を正しく押すと、機械と回線が働いて、押した番号の電話が呼び出される。そして、あなたが間違って別の番号を押しても、この精巧な機械と回線は同様に働き、間違った相手に電話がかかってしまう。

あなたの精神も同じように働く。あなたが積極的な考えを持っていれば、積極的な反応が得られるし、あなたが消極的な考えを持っていれば、消極的な反応が得られるのである。

集中力がほしいと思うならば、自分は集中することができるのだと自覚しなければならないということが、これで容易に理解されたことと思う。このことは、自分が精神集中力を持っているものとして、自分自身を見はじめなければならないということを意味している。

ただ今この瞬間から、精神を集中することはあなたにとっては自然なことなのだ、あなたがある方向に考えを向けたら、それは他の考えに邪魔されるようなことがなく、満足できる結論に到達するまでそのことを考えつづけていられるのだ、ということ以外には考えないようにすることである。

集中することができないのは、今やっている仕事が好きでないためである時もある。あちらこちらに気が移るのは、それから逃れようとしているからである。このような人でも、やっている仕事を好きになれるような何物かが見つかれば、問題なくそのことに精神を集中することができるようになるものである。

この点に関しては、精神を集中できない理由として怠惰を挙げることもできよう。しかし、心から好きであることをやっている時には、怠惰などはありえないものである。だから、好きなことをすること、あるいはしなければならないことを好きになる方法を学ぶことは、あらゆる形の怠惰をなくすことにもなる。

時には、無能感が集中を難しくする原因となることもありうる。与えられた仕事をうまくやる自信がない時は、考えをそのことに集中しつづけることが難しくなるのである。

前々から気がついていることだが、著述を職業とする人の中には、精神を集中することができないのをこぼす人がたくさんいる。彼らは、気持ちがいつもあちこちに動いているものだから、原稿を書くのに時間がかかって仕方がない、とこぼすのである。ところが、原稿料でも送ってきた後だったら、なんという違いだろう。編集者からの好意的な手紙が原稿料に添えられてでもいようものなら、それは魔法のような働きをするものである。それから書く原稿はずっと少ない時間で出来上がり、ずっとよいものになるだろう。あなたにもおわかりのように、一度自信がつくと、創造的な考えがより滑らかに流れ出るようになるのである。

精神集中の練習

精神集中力を身につけるのに非常に役立つ練習をおすすめしよう。この練習は、わかりやすいだけでなく、あなたも精神を集中することができるという自覚を強める効果がある。

まず装飾物が何もなく、壁だけしか見えないような場所に、ゆったりと腰掛けられるような椅子を持っていこう。そして、あなたの前に小さな台かテーブルを置こう。そのテーブルの上に、どんな本でもよいから一冊の本を置いてみよう。それから練習の第一歩として、その本にだけ気持ちを向けるために、五分間完全にリラックスしよう。本を見なくてもよいから、「これは本だ……これは本だ……これは本だ」と考えなさい。いろんな点について、その本のことを考えるのである。内容、大きさ、色、書名、カバーデザインなどについて考えることができるはずだ。あなたの気持ちをそれらから逸らさない限りは、その本のいろんな面についてどれだけ多く考えるかどうかは問題ではない。印刷や製本について知っているのなら、その本をつくっている様子を思い描くこともできよう。書店とか通信販売などによって、その本を売ることについてさえ考えることができる。

少なくとも五分間その本のことを考えたら、鉛筆と紙を取り上げ、黙想していた間に心に浮かんだことをもとにして、その本についての感想文を書いてみよう。そして、この感想文を保存しておくのである。

その次の日は、感想文を書くのに別の対象を選ぶ。リンゴとかオレンジとか、あるいはその他の果物でもよい。そして、本に関してしたことと同じことを、この果物についてもするのである。果物がどのようにして成長するか、体への栄養としてどんな役割を果たすか、もしあるのなら、学校の先生のところにリンゴを持っていった日のことを考えてもよい。とにかく、その果物のこと、あるいはそれに関連したことを考えつづけるのである。そして、同じくこの練習に基づいた感想文を書き、それを保存しておくのである。

このように、毎日違った対象を取り上げ、毎日それについて感想文を書く作業を、少なくとも一週間毎日繰り返すのである。感想文を書きつづける理由は、そうすることであなた自身を納得させるためである。最後の感想文を書き終えたら、前に書いた感想文を読み返してみるのであるが、そこにはっきりとした改善の跡があることに気がつくはずである。あらゆる点で、あなたがどんなに成長したかということを発見して、きっと驚くにちがいない。あなたは、精神の集中力だけでなく、観察力も身につけてきている。そしておまけとして、自分自身を上手に表現する能力も改善されていることがわかるであろう。

連想による思考の逸脱

友人の弁護士から、自分のことについて悩みがあると、私に相談があった。考えがあちらこちらに飛んでばかりいて、今やっていることに気持ちを集中することができない、というのである。彼は、はじめて法律家として世に出た頃は、自分の精神力と、自分が完全に精神を支配していることに誇りを持っていた。

私は、彼の事務所に入るや否や、彼の悩みの原因がすぐにわかった。彼の机は、書類の入ったファイルやさまざまな記録の走り書きやらメモやら、種々雑多な紙片でいっぱいだったのである。机の上にはものを置く余地もないほどであった。

「これが君の悩みの原因だよ」と、私は机の上を指差しながら指摘した。

彼は私が指差した方向を見て、困ったような表情でこう聞いた。「どこが悪いのかね?」

私はこの弁護士に、今取り組んでいる事件に関する書類の他は、机の上のものを全部取り除いてしまうように助言して、そうすれば精神を集中できること間違いなしだと教えてあげた。

この弁護士が最初に事務所を開いた時は、その机をとり散らかすようなものは何もなかった。だから、やっていることに集中することができたのである。彼の仕事の量が大きくなって、処理しなければならないファイルや記録が多くなるにつれて、彼の机はがらくた置き場になってしまったのである。一つの事件に取り組んでいる間も、彼の目は他の事件の書類に落ちる。そうすると、当然のこととして、それについてのいろいろな考えが心の中に浮かんでくる。この種の集中を困難にする働きは、連想による思考の逸脱と呼ばれている。

私はどんな創造的な執筆をする前にも、これから書こうとするテーマに用いるもの以外は、全部机の上から取り除くことにしている。このような雰囲気をつくることによって、普通よりはずっと少ない時間で、よりよい原稿が書けるのである。

すべての思考の妨げからあなた自身を完全に自由にすることが、いつも可能であるわけではない。玄関のインターホン、電話、他の人たちの話し声など、こういったものはすべて注意をよそに向けさせる力がある。しかし、自制心を持っている人、自分は大きな精神集中力を持っているという自覚のある人は、たとえそのようなことがあっても、あまり気を散らさずに、元の軌道に注意を戻すことができるものである。

一度中断された後で思考を再び元に戻すのに役立つ一つのテクニックは、中断される前の最後の考えを思い出してみることである。もしものを書いていて、しばらくの間注意を奪われたとしたら、あなたが書いた最後の数行をもう一度読み返してみるとよい。たいていの場合、あなたの気持ちはまた元の溝にきっちりと戻るものである。

多くの人が犯す、よく見られる誤りは、「妨害恐怖症」を自分でつくり上げてしまうことである。これは、妨害されるのではないかと予期するがゆえに、ますます心が落ち着かなくなることである。ある人がものを書いているとして、数回、邪魔な電話の呼び出し音が鳴ったとしよう。これに気を悪くして、この人はこんなことを言うだろう。「こううるさくては、とても気を入れて仕事をすることなどできないな」。精神について少しでも学んだことがあり、それがどう作用するかを知っている人だったら、このようなことを言った後では、精神は文字どおり弾に撃ち抜かれるということが理解できるはずである。

仕事中、もし何回か中断されるようだったら、こんなことを言ったりする代わりに、自分は精神集中力を持っており、いつでも妨害される前の状態に戻ることができるのだから、自分は幸せなのだと考えることである。

私たちが間もなく離れようとしているステーションは、「分解と統合」のステーションである。ここでは、目標を全体として思い描いた後、次はそれを構成要素に分解して、それぞれを分析することを学んだ。このようにすれば、目標の達成がより簡単に見えてくるだけでなく、着手する場合の遅滞を防ぐこともできる。

観察と精神集中についても相当な時間をあてた。あなたの前に開かれている、この新しい人生にさらに深く入っていくにつれて、この特別な知識を持っていることが役立つであろう。それは、あなたの目標をつくり上げている構成要素の分解に大いに役立つはずである。

この重要な旅の次のステーションは、これまでの二つのステーションから得たものといっそう深い関係を持っている。これまで述べてきたことを残らず見直し、徹底的に理解して、備えておくことである。

第12章

第八のステーション

大と小を考える

この新しいステーションの名前は、野球ファンにはメジャー（大）リーグとマイナー（小）リーグを思い起こさせる。そしてまた、ここで与えられる教えをしっかりと覚えている人は、好きなチームが勝つのを見ているファンのような、素晴らしい興奮を味わうことであろう。

もしあなたが、今ここで先を読むのをやめ、これまでに与えられた知識や原則を用いるならば、それだけでもあなたは、将来の自己について思い悩む必要はないであろう。あなたは偉大なことを完成できるはずだ。しかし私の仕事は、それでは完全なものとはならない。これから先、私は、あなたがこれまでに学んだものから、いかにして最大の利益を引き出すことができるかを説明しようとしているのだから。

あなたがこれから得ようとしている知識は、すでに触れた原則のいくつかと密接な関係を持っている。あなたはすでに、目標をその構成要素に分解することが得策だという私の意見に賛成したはずである。あなたの行動計画を考えるにあたって、障害をどう考えたらよいかということも、あなたには明らかになったはずである。あなたは、統合の前に分解してみる習慣も身につけつつあるはずである。

これから私たちは、大目的と小目的について考えようとしている。暇がある時には、私は作業部屋にこもって、家具を組み立てることを楽しみとしている。材木を切り、形を決め、それを組み立てた後には、着色し、ニスを塗り、磨くという最も重要な作業が残っている。出来上がった家具は、この後半の仕上げがなくとも使用することはできるが、それでは完成されたとは言えないし、大きな満足ももたらさないであろう。

ある青年が賢者のところへ行って、猟銃の無駄弾を撃たない方法を尋ねた。「狙って撃つことじゃよ」。これが賢者の答えであった。これこそ、自分たちの目標に到達するために私たちが用いようとしている原則である。

大目標と小目標

これからは、あなたの目標を大目標として考えることにしよう。それから次に、大目標をより小さい、小目標に分解するのである。小目標は、第一の小目標からはじまって、大目標の完成に至るまで次々と取りかかれるように、正しい順序で並べられることになる。

あなたが前に学んだこと、すなわちあなたの目標（今では大目標である）は、はっきりしたものでなければならない、ということを思い出していただきたい。あなたは、自分が完成しようと思っていることが何であるかを正確に知っていなければならないのである。

そこで、まずあなたの第一の小目標を取り上げて、それが達成されるまでは、それをあなたの大目標と考えるのである。大目標に関することとか、次の小目標のことなどは、一時頭の中から取り除いておくのである。目標がここにある全部であると思うほどきっぱりと、第一の小目標についてだけ考えるのである。

第一の目標に着手する前にしなければならないことがある。それは、あなたと目標達成との間に横たわっているあらゆる障害について考えておくことである。そうすることによって、障害を乗り越えて目標に到達させる行動計画を、正しく作成することが可能になるのである。

第一の小目標に到達したら、それで、次の大目標となるべき第二の小目標に取りかかる準備が完了したわけだ。若干の例を引いて、これを説明してみよう。

私たちがこれから考える大目標は、大規模なものである。あなたは何か発明したいと思っている。それからこれを生産し、全国的に販売する。しかしあなたの現在の財力はゼロである。大会社に投下されている資本と運営していくための巨額の経費を考えたら、この特別の大目標は到底不可能と思われるだろう。ましてやあなたは、願望以外の何物もなくて出発しているのだから。

だがそれは本当に不可能なことだろうか。ノーである。あなたの願望を大目標と考え、それからこれを小目標に分解してみるならば、明らかにノーである。

この仮想の事例では、あなたはまだ発明をしていないうちから計画をはじめたことになっている。だから、まずこのことが当然あなたの第一の小目標にならなければならない（この第一の設定例では、私はきわめて規模の大きなことを大目標として用いていることに注目していただきたい。その理由は、このような場合にも当てはまることが実証されたなら、どんな規模の目標にも全部当てはまるはずだからである)。

発明を手に入れるには二つの方法がある。自分の手でそれをやるか、他の人からそれを得てくるかである。この設定例をよりわかりやすくするために、発明を他から買ってくることはしないで、あなた自身で何かを創造しようと思っていると仮定しよう。

あなたはすでに、成功するための第一原則は「必要を見つけて、それを満たせ」ということであるのを学んでいるはずだ。ぼんやりと座って、「何か発明したいのだが……」と考えているだけでは、どうにもならない。まず最初に、発明したいのは何なのかを決めなければならない。必要を見つけて、それを満たせ、である。

私は自著の中で、発明した簡単な缶切り器のおかげで一財産を築いた男の物語を書いたことがある。覚えておられる人もあるだろうが、初期の缶切り器は、まず缶の表面に突き刺し、それから蓋《ふた》が取り去れるように上下に動かして切っていく方式のものであった。そのため、缶の縁はたくさんの歯を持ったのこぎりのようになり、缶を開けようとして指を切って悲鳴を上げる人も多かった。

ある男性が、やはり缶の鋭い縁で指を切った時、口汚くののしる代わりに、自問してみたのである。「缶を開ける時に指を切らなくて済むように、ブリキが外側にではなく、内側に曲がるような缶切り器がどうしてつくれないのだろうか」と。この自問に対する否定的な自答は見つからなかったため、彼は試行錯誤のうえ安全缶切り器を発明し、財産をつくったのであった。彼は必要を見つけて、それを満たしたのである。

「何かがうまくいかない時には、あなたは発明の機会に直面しているのだ」。私は、発明の仕方を学ぶことに関心を持っているグループの人たちにこう話したことがある。もしある自動車について何か具合の悪いことが起こったならば、そのメーカーは、その悪いところをなくす改善策を見つけ出すために創造的精神を働かせるであろう。

工場で製造に時間がかかるのならば、生産を早める方法や手段が講じられるだろう。家庭内で手間のかかる仕事があったら、それは発明のチャンスである。生活の中で、より容易な、よりよい、あるいはより経済的な方法を見つけ出せれば、あなたは名声と富へのはっきりした一歩を踏み出したことになるのである。

多くの人は、優れたアイディアの大部分がすでに考えられており、創造的な精神を働かせる余地などあまり残っていない、という誤った考えに取りつかれているようである。これは大きな誤解である。発明の機会というものは、逆さまにしたピラミッドのようなものである。一つの発明は、多数の関連した発明を呼び起こすのである。最初に「馬の要らない車」がつくられて以来、私たちが今用いている自動車に至る間に、数千の発明がなされたではないか。

ラジオの歴史を振り返ってみてもそうである。今日の状況になるまでには、何百というアイディアが考えられ、用いられてきたのである。テレビでさえも、ラジオのために発明されたいろいろなアイディアを借りなければ、この世に生まれてこなかったろう。

航空機についても、ライト兄弟の凧のような飛行機と今日のジェット機を比較してみるがよい。

今日の飛行機に用いられているたくさんの発明を合計したら、大変な数になるであろう。

これらのことを立証するためには、自動車、テレビ、航空機といった大産業だけを挙げなければならないわけではない。家庭におけるアイディアの進歩を考えてみるとよい。アイスボックス（箱に氷を入れて冷やすタイプ）が発明だと考えられた時期もあったが、今日の冷蔵庫や冷凍庫と比較してみるとよい。そして、これらに用いられている多数の特許のことを考えてみるとよい。電子レンジや洗濯機や掃除機や温水器や食器洗い機についても同じことが言えよう。そのどれにも一連の特許がついてまわっているのである。

私が言おうとしていることは、アイディアに関する限り、飽和点に達することは決してないということである。新しいものが一つ現れれば、それによって一連の改善への道や新局面が開けるのである。

常にアイディアのことを考えていよう

創造的精神を身につけるようになる前に、あなたは、自分の精神は他の人と同じように創造的なのだという事実を自覚する必要がある。「私は決して何も発明することができない」というように考えるのだったら、もはや何もする必要がないはずだし、建設的なものは全部締め出すように潜在意識を教育していることになるのだから、どうにもならないわけだ。

「私は創造的な精神を持っている。建設的で実際的なアイディアが絶えず私の意識に流れこんでいる」。こう考えることである。このような考えを心にしっかりと持ちつづけているならば、いかに多くの独創的なアイディアがあなたの頭に浮かんでくるかに驚くことであろう。

第一の小目標と私たちが立てた想像上の大目標との関係を述べることに、少し時間を費やしたようだ。私がわざとそうしたのは、そのようにすることがあなたの人生に大きく役立つからであり、また誰でも自分が創造的精神の持ち主だと思うことを好むからである。あなたは創造的な精神を持っており、それは現実のものとなるだろうという事実を自覚することである。

第二の小目標　私たちは今のところ、あなたの第一の小目標は達成されたと仮定しよう。あなたは何かを発明した。それは子供用の新型のおもちゃの乗り物だとしよう。あなたはそれをあらゆる角度から研究して、それがこれまでの乗り物とは違っていること、子供たちにはこれまでのものよりも、ずっと興味があるものであることを確認した。

思い出していただきたいのだが、あなたは現在のところ資金は全然持っていない。しかし、あなたの第一の小目標は達成したのである。発明したものはあるのである。

あなたの次の小目標は、それを製造する手配をすることだと仮定するのが論理的であろう。いずれあなたはそれを自分でやれるようになるかもしれないが、工場を建てるにはお金がかかる。だから、あなたに資金ができるまで、どこかの工場を利用する方法を考えたらどうだろうか。

こんなごく簡単な目標についてさえも、克服しなければならない障害はある。そのうちのいくつかを挙げるならば、まず、あなたのためにその乗り物をつくってくれることに関心を持つ会社を見つけなければならない。その会社に、発明の利点を売りこまなければならない、それが出来上がった後で、それを売り広めることができるということを、彼らに信用させなければならない、といったことなどがある。

あなたは、その乗り物をつくってもよいという会社を見つけた。もっとも、たとえ小さな市場でも、そのための市場をつくるだけの充分な資金を調達することができる、ということを前提としてのことだが……。

第三の小目標　あなたは、全世界とまではいかなくとも、全国を市場として持っているわけだ。しかし、宣伝や商品化計画にはたくさんのお金が必要である。あなたは、私たちが歩く前には這いまわっていたこと、走る前には歩いていたことを思い出さなければならない。だから、あなたの発明を売り広めるには、最も小さい、実現可能な地域からはじめることである。

この設定例では、あなたはサンフランシスコに住んでいることにしよう。そこにはオークランド、バークレーその他たくさんの隣接都市からなっている「ベイエリア（湾岸地帯）」と呼ばれているところがある。ここがあなたの最初の市場となるだろう。これがあなたの第三の小目標となるのである。

さてそこで、あなたの誠実さと熱意が他の人の注意を引きつけ、あなたはこの市場を攻略するに足るだけの資金を手に入れられるとわかったとする。製造費を自己資金で賄う必要がないのだから、その資金の大部分は広告に使うことができる。

よく練られた計画と老練な広告代理店を用いることによって、あなたは順調なスタートを切る。あなたはこの限定された地帯で売れるだけのものは売り尽くし、市場を拡大する準備ができたことを知る。そして、これがあなたに、次の小目標を提供することになる。それは、隣接都市を越えて、さらに拡大した市場となるだろう。

この目標を達成したら、次の目標としては州全体を考え、それから他の州に及ぶ。そして次々に、西海岸の州を制圧していく。それからの目標としては、領域を南部の州に広げる。そして、ついには全国的に販売網が及ぶまで続けていくのである。

もちろんあなたは、仕事が大きくなるにつれて、自分の工場を持つことになるだろう。そして、成長するにつれて、他の製品も製造するようになるかもしれない。

小さな目標に分けることの効用

クラブとか各種の会合などで、演壇に立って、落ち着いて、よく通る論旨で聴衆を魅了している人を、あなたはうらやましいと思ったことがあるだろう。自分もあのような能力を持ちたいと思うのだが、どうにも手が出ないといった感じなのである。演壇に立った自分の姿を考えるだけで、落ち着かなくなってくるのである。

このような場合、大と小の理論を用いれば、大勢の前で話すのは、持って生まれた能力ではなくて、あなたも容易に身につけることができるものであるとわかるはずである。私は「容易に」という言葉を漠然と用いているのではない。もしあなたがスピーチに対して正しい態度をとるならば、それが容易なことがすぐわかるはずである。もしそのような態度を身につけなかったら、あなたは、大勢の人に見られていると考えただけで身震いする癖がいつまでも抜けないことであろう。

第一の小目標　あなたの第一の小目標は、「演壇恐怖症」の傾向を克服することである。おそらく、あなたはこう自問するだろう。「どうしたら、私は臆病を克服することができるだろうか」と。この質問には、あなたは驚くほど容易に答えられる。まず私からあなたに質問してみよう。人混みの中にいて、たった一人の人間に個人的に話しかけるのをためらうような人がいるだろうか。いないはずだ。聴衆の知能というものは、そこに集まった人の数によって増すものではないということを、よく覚えておくことである。それは一人の人の知能よりも決して大きいものではないのである。そして、一人の人間に個人的に話しかけるのをためらうことはないのだから、そのグループに向かって話すのを恐れるというのはまったく理由のないことなのである。

聴衆を恐れる代わりに、それを愛することである。もしあなたが、スピーチを聞きにきた人に対して、心から愛情を持つならば、あなたの声には温かさが加わり、あなたのもとに跳ね返ってくる心からの愛情を感じて、わくわくすることであろう。

あなたは、聴衆に話すのを楽しんでいるのだという事実を、努めて意識するようにすることである。あなたは演壇に立って、あなたの知識や経験から得た恩恵を人々に分け与えるのが好きなのだ。

たいていの人が心に抱いている「演壇恐怖」の絵こそが、集団の前に出た時に恐怖を感じる理由なのである。だから、公衆の前でリラックスしている自分自身の心の絵を持つと、あなたはすぐ演壇に上がり、神経質にならないで話をすることができるようになるであろう。

第二の小目標　あなたは、自分の考えていることを述べなければならない。あなたは、あまり早くもあまり遅くも、あまり声が高くもあまり低くも話してはいけない。あなたは、声の抑揚、発音、表現のことも考えなければならない。

声に気をつけるようにすることは、この小目標を達成するために非常に役立つはずである。自分の声に気をつけていれば、どのくらい改善されたかがすぐわかるだろう。声を上げてものを読んでみて、どれだけ多くの表現を自分の声に与えることができるかを見てみることである。一語一語を明瞭に発音しよう。もしできるのなら、レコーダーを用いてやってみよう。他の人があなたの話を聞いているように、あなた自身の声を聞いてみよう。

その次は、言葉を選ぶとか、用語の種類を豊富にするなどといった、国語上の間違いを正すことに注意を向けることである。

話の材料を準備することも、別な小目標となる。

これで、小目標に分解してみることによって、目標の達成がどんなに簡単になるかが、あなたにもわかったことと思う。

なぜ他の人をねたむのか

ねたみは疑いのしるしである。人は、自分も持つことができるとわかっているもののことで、他の人をねたみはしないものだ。

もしあなたが、財布にいっぱいのお金を持って大きな店に入っていったのなら、あなたがほしいと思うものを買おうとする人をうらやみはしないだろう。あなたは、もしほしかったら、自分でお金を払って買えることを知っているからだ。

もしあなたが、自分よりもよい家に住んでいる人をうらやむなら、それは、あなたが自分にはそのような家を手に入れる能力があるかどうかを疑っているなによりの証拠である。

また、もしあなたが人に使われていて、あなたを使っている人をうらやむようだったら、それは、自分が人を使う身分になれることを疑っていることを示してはいないだろうか。

他の人が持っているものをねたむ代わりに、あなたがほしいと思うものを手に入れるための「大小法」を用いることである。

若かった頃の私は、が今あなたに紹介している原理を覚える前は、しばしば人をうらやんだものだし、そのために大きな損をしてきた。今では私は誰もうらやむようなことはない。その人が持っているもののために、その人を賞賛することはあるかもしれない。もし人が、私が持ちたいと思うようなものを持っているなら、それを持つために取らなければならない手順を私は知っている。そして、ぜひそれをほしいと思ったら、私はその手順を取りはじめるだろう。

誰かが優れた価値のあるものを完成するのを見ると、私は喜びを感じる。それは、どのような成功も可能性があるのだということを、私に示してくれるからである。他の人にそれができるのだったら、私にもそれができるはずではないか。


あなたはすでに、大と小の理論が実際に適用された二つの例を知ったはずだ。

あなたがすでにつくり上げた目標のリストを取り出し、それについて一つ一つ考えてみよう。それらの目標の達成がどんなに遠くに見えようと、そんなことにはかまわず、それを小目標の集まりと考えることによって、どれぐらい近くに持ってこれるかを覚えておこう。

あなたがこれまでに訪れた多くのステーションから得たものでもって、あなたが欲するどんな目標（もちろん、それは理にかなったものでなければならないが）でも達成する用意ができたはずだ。もしあなたが足とか手とか目をなくしたのなら、それをもう一度手に入れることはできない。しかし、これまでに述べたようなことだったら、どんなことであろうと、できないことはないはずである。そして、他の人ができたことなら、あなたの才能をもってすれば、あなたもそれを手にすることができるはずである。

最初の高原

間もなく私たちは、中休みすることになっている素晴らしい保養地に着くのである。私たちは各ステーションから非常に多くのものを得てきたが、今度は、私たちが得てきたものの価値、力、効能を充分に評価するための期間をとらなければならない。ここから先の私たちの旅は、まったく違った方向に向かうからである。

これまでに私たちは、自分の人生にこうしたいと思う変化を与えてくれるような用具（原則）を手に入れてきた。私たちは、今や生活の新しい基準をつくり上げようとしているのだ。それは、これまで持っていたあらゆるものをはるかに上まわっているので、比較するものがないくらいのものである。各ステーションで与えられた原則をより完璧に身につければつけるほど、私たちの生活の基準はより高いものになるだろう。

私は、幸福と熱意をもう一度強調したいと思う。もしあなたが、この旅からあなたのために意図された利益をすでに手に入れているのなら、今こそあなたの幸福と熱意は限りなく大きくなっているはずである。あなたが持っていたかもしれない自己劣等感などは、奇跡にでも出会ったかのように、筋の通った自信に変わっているはずである。

あなたは不死鳥のように、過去の過ち、間違った生活、間違った考えという灰の中から、若々しい装いで立ち上がっているのを感じるはずである。

華々しい人生と新しい生活に入る鍵を手に入れたことは、あなたをうぬぼれさせるものであってはならないし、また決してそうはならないことであろう。あなたは今では、よい夫や妻、よい親や子、よい市民となっていることであろう。友人や仲間は、あなたの到達したところとあなたの影響力によって、あなたがさらによい友人になることを大いに認めていることであろう。

第13章

第九のステーション
生活の新しい基準

あなたが若かった頃には、高い生活水準について夢見たことがあったかもしれないが、おそらく本当に自分がそうなるとは信じなかったであろう。

あなたの乗り物が休息のためにこのステーションに到着した今でも、あなたはまだ夢を見ているのかもしれないという恐れから、あまり大きく目を開けることをためらっているかもしれない。その一方、旅をはじめて以来、非常に多くのびっくりするような新事実が続出したので、あなたはさらなる祝福があるのではないかと思い、かつそれを期待しているかもしれない。

私たちの日常生活は、習慣の連続からなっている。朝起きて夜寝るまでに、私たちがするほとんどすべてのことは習慣に基づいている。あなたは今や、新しい経験世界に自分自身を連れていく旅に出ているのだ。あなたは新しい、より高い生活基準に自分を適合させる準備ができていなければならない。今のところは、これまでの夢が実現できる、そして実現しつつあるのを知っていくにつれて、あなたはまるで自分を不思議の国のアリスのように感じているにちがいない。

あなたは、今や成功への鍵を持っている。その鍵は、これまではただうらやましい望みにすぎなかった扉を、あなたのために開けてくれるものである。

あなたは、自分の新しい財産に釣りあう生活基準を立てなければならないところに来ているのである。

自分の畑から穫れるものでやっと暮らしていけるだけであった農民の物語がある。彼は生活上でゆとりのある品物を何一つ買うお金がなかっただけでなく、必要品を手に入れるのが難しいことさえしばしばであった。ところが、この畑から石油が発見されたため、これまで貧しかったこの農民はほとんど一夜にして、大変な金持ちになったのである。

「お金持ちになった今、真っ先にしたいと思っていることは何ですか」。彼にインタビューした報道関係者の一人がこう質問した。

しばらく考えた後で、彼はこう答えた。「そうですね、まあ立派な荷馬車がほしいのですが……」。この男の考えは、彼がこれまで暮らしてきた境遇の域から出てはいなかったのである。

やはり石油の発見によって一躍大金持ちになった人の話がある。彼はこれまで長い間貧乏であったので、自分の富を見せびらかしたいと思った。彼はこれまで、資産家はレストランでの食事に大金を使うという話をたびたび聞いていたので、それこそ自分が金持ちになったということを他の人に見せるよい機会だと考えたのである。

彼は行きつけのレストランに行って、給仕から何にいたしましょうかと聞かれた時、大声でこう言ったそうである。「二〇ドル分のハムと卵を持ってこい」

生活の新しい基準

お金、地位、権力などといった、この世であなたがほしいと思っているものを手に入れたり身につけたら、次にはあなたのその新しい財産を正しく用いるために、生活基準を向上させていかなければならない。あなたの人生を、最大限に楽しむことを可能にしてくれるような水準の暮らしがなければならないのである。

生活の新しい基準を計画するにあたって、考えなければならない要素にはどんなものがあるだろうか。いくつか挙げてみる。

もっとよい家　あなたの家は、雨露をしのぐのに充分だというだけではなく、そこで暮らすのが楽しくて、家に戻るのが待ち遠しいというようなものでなければならない。現在の家族のための寝室だけでなく、不意の客用のバスルーム付きの寝室もほしいものである。

趣味についてはどうであろうか。遅かれ早かれ、何かを楽しみながらする設備がほしいと思うようになるだろう。女性の場合、奥さんは編み物とか絵といったものをしたいと思う人がいるかもしれないし、あるいは宝石加工や陶芸をしてみたいと考えるかもしれない。家具をあっちこっちに動かしたりせずに、そのような趣味を楽しめる便利な場所や用具を用意することである。男性の場合は大工道具とかカメラの材料を入れておく特別な部屋がほしいかもしれない。こういったことも、家を手に入れる前に考えておくべきことである。

将来の安定のための計画

　あなたの収入は自分で手に入れなければならない。あなたは、生活の新しい基準を維持するだけの収入を手に入れるために必要なものは、全部持っているはずだ。賢明な人は現在のことを考えるだけでなく、将来のことも考えるものである。あなたの収入が何らかの理由で入らなくなっても、あなたの生活水準を維持することができるだけの経済的安定を築きあげておくことだ。

　きちんと貯蓄ができるような、健全な資産計画を立てることである。有利な利息もさることながら、事故や災害に備えての各種の保険も必要であろう。あなたの蓄えと安全を確保する関係機関や会社の安定性と信頼性をチェックしておくことだ。人によっては年金を重視する人もいる。事実、今では多くの人が老後を年金によって生活している。

　収入のもととなる財産を持つこともよい投資となる。私の知人は、古い家を安い値段で買うことからはじまって不動産投資を繰り返しながら、とうとう大きなアパートやマンションのオーナーになったのである。

子供たちの教育

　あなたの生活の新しい基準を考えるにあたっては、単に子供を教育したいと思うだけでなく、できるだけよい学校に入れたいと思うだろう。自分が若い時にしたくてもできなかったような教育を、自分の子供たちに受けさせることができるのは、大きな満足をあなたに与えてくれるはずである。

　以上、新しい基準のための要素の例を示してみたが、それがどんなことを指しているのかがこれで示せたことと思う。

自分の新しい財産とは

「あなたがお話しになったようなものをすべて手に入れたとして、私はそれで幸福でしょうか」。これはよく聞かされる質問である。

素晴らしいものを持ちたいというあなたの願望の背後に利己的な動機がないならば、あなたを幸福にすることは間違いないと思ってよい。例を挙げてみると、あなたは、まわりの家が見劣りするような、近所でも一番立派な家を持ちたいと思ったとしよう。あなたがそれを目標とするならば、このような家を手に入れることはできるだろうが、それはやがてあなたを幸福にすることはできなくなってしまうだろう。はじめのうちは、あなたは窓から覗いてみて、近所の女性たちがあなたの豪華な家をうらやましそうに眺めているのを見て、得意に思うかもしれない。しかしそのうちに、誰かがもっと大きい、もっと立派な家を近所に建てるかもしれない。そうしたら、あなたの誇りもそれまでである。

一方において、もしあなたがもっぱら便利さと家族やあなた自身の喜びのために家をつくるのであったら、そしてまた客や友人をうまくもてなすために家をつくるのだったら、近所にどんな立派な家が建とうと何の関係もないことである。あなたの家は、はじめにそうであってほしいと思ったように機能しているのだし、あなたはそれで幸福なはずである。

働いて、休んで、遊ぶこと

人が休息や中断することなしに働かなければならないという条件の下でのみ効果がある、そんな成功の公式を私はつくり上げているようにあなたは思っているかもしれない。もしそうだとしたら、私の計画はみじめな失敗だったことになる。

人は幸福になるためには働かなければならないが、疲労を避けるためには休まなければならないし、気晴らしのためには遊びもしなければならない。これこそ私があなたのために考えていたプログラムなのである。

比較として言えば、休息の時間を本当に楽しんでいる人は非常に少ないのである。リラックスしようとしている間も、人の心は、しなければならなかったこととか、してしまったこと、あるいはしてはならなかったことなどに飛んでいる。心と体は非常に緊密な結びつきがあるので、心が休んでいなければ体も元気を回復しないのである。

この注目すべき旅に出ている私たちのうちで、現在成功した生活を送っている人たちは、休みの時が来ると心の平和を感じるであろう。なぜなら、その人たちは、読んでいること、考えていること、していることに力いっぱいであるからである。

自然というものは、消費されたエネルギーが回復する時間を求める。そのことがわかれば、休息の時間というのは、単なる気ままな時間ではないことがわかるはずである。私たちは心と体を回復させるために自然と協和しているのである。

よく調和のとれた生活をするためには、遊びは欠くことができないことである。労働と休息に対して、遊びは食事の後のデザートのようなものである。それは、考えることやすることに変化を与えるものである。

心理学的に見ると、遊びは、ちょうど休息が体に対してそうであるように、精神に対して欠くことのできないものである。潜在意識の中に持っているのと同じように、推理能力を持っていることはすでに指摘した。潜在意識は、意識が停止しているか愉快な気分になっている時に最もよく働くというのは、心理学上の定説である。

ずっと前のことであるが、私は有名な金融資本家のＪ・Ｐ・モルガンのヨットに招待される光栄に浴したことがある。彼の私室にはトランプをするための小さな専用テーブルがあった。

「モルガンさん、あなたはトランプの一人遊びをなさるのですか」と、私は聞いてみた。

「しますとも。何か大きな問題にぶつかって、どうしたらよいかわからない時に、私はトランプを取り出して、三〇分ほど一人トランプをするのです。それから、もう一度その問題に対すると、新しい観点が見つかり、たいていの場合、意外に速やかに結論に達しますね」

適当な時間を遊ぶことは、積極的、建設的な精神のためには欠くことのできないことなのである。

このへんで、遊びについて今言った原則には若干の例外があることを断っておくのが適当かもしれない。遊びは、それが正しい遊びであれば、素晴らしいことだし、欠くべからざるものである。しかし、その人の心が直面している問題から逸らすような、お酒をたらふく飲むパーティーなどは、少なくとも建設的な精神力をつくるのには役立たない。実際問題としても、このようなパーティーの後、精神が平常どおりに働くようになるまでには、いささか時間が必要である。

カード（トランプ）遊びは、しばしば人の心を刺激し活動的にするが、煙草の煙がもうもうとした部屋で、何時間もテーブルの上に屈みこんでいることは、精神とか肉体の改善に役立つことではない。

精神と肉体の両方を刺激するスポーツはたくさんある。水泳、ボート、ハイキング、釣り、ゴルフ、テニス、バドミントンなどといったようなものだ。こういうスポーツは、やってみればそのよさがわかるはずである。

生活の新しい基準にあっては、働く時間と休む時間と遊ぶ時間の間に調和がとれていることが大切である。「よく働き、よく遊ぶ。これが人生を幸福で楽しく暮らす道である」。子供の頃、これを聞いた時には、その意味がほとんどわからなかったが、今ではこの言葉の健全な意味がわかってきた。働いている時に最善を尽くさなかった人は、その休みも充分味わうことができない。なぜなら、それは彼の心がくつろいでいないからである。達成感を味わう代わりに、うまくいかなかったことだけをくよくよと考えているからである。

休んでいる時はリラックスすることを学ぶことだ。これがなぜ必要かといえば、緊張しすぎている間はエネルギーを浪費しているのであるが、リラックスしている時はエネルギーを蓄えているからである。完全にリラックスした状態での三〇分間の休息は、緊張していた時間の二倍以上の回復力を持っている。

「リクリエーション」という言葉を、多くの人はよくわかっていないようである。私たちはこの言葉を、楽しみとか気晴らしを意味する言葉と考えている。しかしこれは、新しい生命を与えるとか、新しく再生するといった意味の「リクリエート」という言葉から出ているのである。だから、リクリエーションの目的は、精神的、肉体的に人を元気づける機会を提供することである。

「私は休暇をとらなければ……。なにしろ何年間も休んでいないのだから……」。多くの人はこのように言うが、私はそういう人に対しては、休暇は休みのためにとるものではない、と言っている。事実、一般にいう休暇の間は、日常業務をしている時よりもはるかに多くのエネルギーを消費していることが多い。休暇は、休息のためでなく、私たちが考えることとかすることに変化を与えるためにとるものなのである。

五時間の仕事時間

ある著名な心理学者の研究で、どんなことであれ五時間そのことをやった後では、人はその作業に疲れてくる、つまり肉体的に疲れ、非常にうんざりしてくるということがわかった。

幸いなことには、五時間もただ一つの仕事を、中断することなく取り組んでいる人やケースはあまりない。普通は、食事とかお茶の時間が間に入って、中断されることになる。

ある工場主が従業員に、午前中はある仕事をさせて、午後は別の仕事をさせることにしてみたところ、単にこなせる仕事の量が増えただけでなく、仕事の質もよくなり、事故も減ったということである。

あなたの新しい生活基準において思いどおりにしたいなら、あまりに長時間、一つのことをしつづけないように計画することだ。そうすれば、もっと仕事ができるだけでなく、ずっと愉快な気持ちで仕事をすることができるようになるだろう。

ものを書いている場合でも、私は休みなしに五時間も机の前に座っていると、精神的な衰えを感じる。考えが停滞してしまうのである。だから私は、四時間か五時間かけて書いたら、二、三時間は徹底的に気分転換をすることにしている。外に出て訪問するところがあったらそうするし、暖かい日だったら、参考書を何冊か持ってしばらく庭に出る。あるいは、作業部屋に入って何かをつくってみる。

そのようにして改めて机に向かうと、アイディアがどんどん湧きだしてくる。精神を疲れたままにしておいた時に二時間かかったことよりも、一時間でずっと多くの仕事ができるのである。

生活の新しい基準にあっては、あなた自身に対するあなたの態度も変える必要がある。これまであなた自身を他の人に従属する人と考えてきたのであれば、これからは人を指導する立場からものを考えはじめてみよう。あなたが部屋に入っていった瞬間、そこにいる人々をはっとさせるような態度を身につけることになるだろう。人の尊敬を集めるような、何物かがあなたに備わってくるだろう。そして人はあなたに指導を求めるようになるであろう。

しかし、この指導性ということを威張り散らすことと混同しないことだ。威張り屋は、力と、彼が支配する人々の心に植えつけた恐怖感によって、人を操っているのである。こういった人たちは、幸福でもないし、ちょっとした機会でそういった力を失ってしまうだろう。指導者は、彼の指導下にある人々の扱い方によって人を信服させる。人々は、強制されてではなく、自発的にその指導を受け入れるのである。

若かった頃の私は、真の指導者といえる人のもとで働いていたことがある。この人と一緒に仕事をすることが非常に楽しかったので、私は三年間も休暇をとらずに働いたくらいであった。

さて、今やあなたは自分自身を指導者と考えはじめている。現在の仕事についてさえも、あなたの態度は、一緒に働いている人たちがあなたを改めて尊敬しはじめるようなものに変わってくるだろう。彼らは、全力を挙げてあなたに協力したいと思いはじめることであろう。

そのようなことはまさかないとは思うが、あなたの心にうぬぼれが生じるようなこともあってはならない。あなたの能力の成長と謙遜の精神とは相携えて進むべきである。私はさまざまな重要人物と出会ったり、知己になったりする光栄に浴してきたが、いつも感じることは、その人が偉大であればあるほど謙遜する人柄だということである。うぬぼれは、成り上がり者によく見られるものである。このような人は、今まで持ったこともないものを持ったものだから、文字どおり舞い上がっているのだ。自分の偉さを人にひけらかそうと、どんなことでもするのである。

本当に立派な人は、会った人に自分をひけらかすようなことは決してしない。「あなたの仕事によってあなたは知られる」という聖書の言葉が、そのまま彼に当てはまるのである。

習慣は綱である

「習慣は綱である。私たちは毎日それを編む。そして最後には断ち切ることができなくなる」と、ある偉大な哲学者は言った。私に言わせると、習慣は断ち切ることができないとまでは思わない。さもないと、この本を書く必要がなくなるからだ。しかし、私たちは生涯を通じて形づくった習慣ゆえに、今日ある私たちが存在するのである。

私は、孔子が言った「人の本性は似たようなものであるが、それをお互いに異ならせるのは、彼らの習慣である」という言葉にまったく賛成である。この章の目的、あるいはこのステーションに止まった理由と言ってもよいが、それは私たちの生活の習慣を変えることにあるのである。

私たちは少し高い水準で生活しはじめているのだが、そのためには新しい習慣を身につけなければならない。もともと習慣というものは、それについて考えなくても物事ができるようになって、はじめて身につくものなのである。簡単な例を挙げてみよう。ものを食べる時には、食物を手に取る方法だとか、それを嚙み砕いて味わう方法といったことをいちいち考えるだろうか。そんなことはしない。あなたは食べながら人と話を交わし、しかも自分が食べているということなどほとんど自覚していないであろう。このようなことは、習慣となったあらゆることに当てはまるのである。

何事であれ、はじめてする時には、あなたがするすべてのことをよく考えなければならない。事実、それから後しばらくは、それを意識的にしなければならないだろう。しかし、習慣が形づくられる時点に達すると、あなたはその作業を意識せずにできるようになるのである。

あなたの向上した生活水準は、あなたにとって新しいものである。しばらくの間は、自分をその当事者と考えることは不自然なことかもしれない。あなたは新しい習慣をつくらなければならない。あなたは意識的な自己訓練によって、あなたがそう生きると定めたように生活しはじめなければならないのである。

新しい習慣が古い習慣に取って代わるのに、それほど長い時間がかかるわけではない。はっきりと目に見える変化が、あなたのすべての面に現れてくるだろう。あなたの歩き方には弾みがつき、目にはしっかりした決断力を伴ったきらめきが宿るようになるであろう。あなたの話の仕方も重みを増し、自信に満ちたものとなるだろう。そしてあなたは、家族から誇りとされ大きな愛を受けるような、そしてあなたが関わるすべての人から尊敬されるような品格を身につけるようになるであろう。


繰り返して言っておこう。「知識はそれを用いるまでは何の価値もない」

私は、あなたが感動しているのを知っている。あなたが幸福であることを知っている。これがあなたの人生の転機となるだろうということに、あなたが完全に同意していることを知っている。しかし、あなたがそうするまでは何事も起こりはしないのだ。

これは、あなたが来月やろうとしているようなことではない。このスタートを、来週あるいは明日まで遅らそうとすることではない。あなたがスタートを切ることができるのは、たった一回しかない。そして、その時がまさに今、今すぐなのである。

スタートを切る最もよい方法の一つは、しばらくの間気持ちを楽にして、目を閉じて、失望と停滞と失敗に満ちた以前の生活から抜け出しつつある、新しいあなたを思い描くことである。あなたの新生活のために、設計した計画どおりにあなた自身を見るのだ。

学校に通っていた当時、先生が、あなたの心にきちんとした規範と原則を植えつけることができるように、あなたに宿題を課したことを覚えているだろうか。私もあなたに課題を与えよう。それはあなたにとって簡単に見えるかもしれないが、その結果は驚くほど顕著なものとなるはずである。

すぐ先にある次のステーションに着く前に、何回も自分でこう繰り返していただきたい。「私は幸福だ。私は一生懸命だ。私は大きな成功の新生活に入りつつあるのだ」と。

第14章

第十のステーション
新しい生活のパターン

私たちはいよいよ、これまでに訪れたたくさんのステーションよりずっと意義がある、非常に素晴らしいステーションに近づきつつある。私たちがこのステーションで得るものは、これまで得られた何物よりも顕著なものであろう。しかし、それは具体的な財産などといったものではない。

ここでは、注意はあなたの上に向けられるのだ。あなたは、他の人がそれを持っているのを見て自分もほしいと思ったり、あるいは、ねたみさえしたものを自分も身につけようとしているのだ。私たちは今や、ひときわ目立たせるようなあなたの「新しい生活のパターン」の構築を開始している。あなたは、より魅力的になるであろう。また、自分を制御できるようになるであろう。

自分自身を制御できる人とそうでない人との根本的な相違は、一方は自分自身に信頼を持っているのに対して、他方はそれを持っていないことである。克己心に欠けている人の生活においては、臆病ということが非常に大きな役割を演じているので、私たちがこのステーションにとどまっている間、それについて述べることに多くの時間をかけるつもりである。

ある哲学者は臆病の原因を次のように定義している。「臆病の原因である自分自身に対する不信は、常に自分自身の力を信じないところから出ている。そしてそれは、私たちの考えの実現に必要となるインスピレーション（啓示）を与えるのを妨げることによって、私たちを弱めるのである」

あなたも、克己心に欠けている人をあちこちで見かけることがあるであろう。その場合、次のことに気がつかないだろうか。克己心を持つためにまず必要なことは、自分自身に対して新しい印象を形づくるために、自分自身および自分の固有の能力を理解することである、ということに……。「自信」という言葉は、自分自身に対する信頼を意味するが、この言葉も積極的な意味に用いられると同時に、消極的な意味にも用いられることを知っておく必要がある。人は、克己心が欠けているということで自信を持つこともあるし、同じように、人を導き、影響を与える自分の能力に自信を持つこともできるのである。

この本で私は、あなたが自分がそうであると考えているよりも、少なくとも二倍は立派であるという前提の上に立っている。私はそのことを、これまでも説明してきたし、これからのページでも説明していくつもりである。

克己心を身につける前に克服しなければならない最大の難事は、おそらく、私は自分自身を支配し制御することができるのだという認識を持つことであろう。臆病とか劣等感に悩んでいる人々についての研究レポートは、こういった人々が臆病とか劣等感に苦しめられない生き方をすることもできるとはまったく考えていないということを、はっきりと示しているのである。しかし、例を挙げて説明してみると、克己心を身につけることは、誰にとってもたやすいことだとわかるであろう。ある日、私が家の近くを散歩していた時、私の関心は隣り合っている二つの庭に引きつけられた。一方の家の土地は色彩の洪水であった。さまざまな種類の目の覚めるような花が、その庭の輝きをいっそう際立たせていた。それはまことに目を見張るばかりの光景であった。もう一方の庭は、言ってみれば陰気な庭であった。芝生は手入れが行き届いていなかったし、痩せた草木があちらこちらに散らばっていた。そしてこのうちの二、三本は、申しわけ程度の花をつけていた。

この例について、私としてはこれ以上の説明を付け加える必要はないと思う。ぞっとするようなこの庭が、隣家の庭のようになるのを妨げているただ一つの理由は、手入れをしないことにあるということは、誰にでもすぐ察しがつくことであろう。その庭は、美しい庭になるあらゆる可能性を持っているのである。

性格もこれに似ている。克己心、自信、どこへ行っても人の注意と尊敬を集める心がまえを持っている人が、おどおどした内気な意気地なしと違うのは、その人が自分は奴隷ではなくて主人なのだと考えることができるかできないか、という点にあるのである。

一台の素晴らしい高級車が高速道路で止まっていた。その持ち主は、なぜそれが動かなくなったのか、そしてどうしたら故障を直せるか、その原因を見つけ出そうと、もう何時間もかかっていろいろと試していた。そして、もう我慢も尽き果て「こんちくしょう」という言葉が口から出かかった頃になって、ごく小さな針金がスターター・ボタンからはずれていることがわかったのである。針金を結びつける作業はほんのわずかででき、その車は猛烈な勢いで走り去った。

問題はごく小さなことであったのだが、その持ち主の頭の中では非常に大きな原因かと想像されていたので、悪い箇所がうまく見つからなかったのである。はずれていたごく小さな針金のために、車全体が罪を着せられていたわけである。

大きな黒板に向かって、小さな白い点を書いてみよう。この白い点は、黒板全体から見ればごく小さな部分を占めているにすぎないのだが、あなたがその黒板を見るたびに、目はその上に落ちることに気がつくであろう。

臆病な人は、一つの性格の欠陥を、自分に関するあらゆることにそれを投影させるほど拡大してしまう。自分ではその他の多くの価値ある特長を持っていても、欠陥のほうにこだわって自分のよいところがわからないのである。

鋳型を変える

鋳物工場では、製品の鋳型を変えない限り、できてくる鋳物はみな同じものになってしまう。私たちの潜在意識とは、そこから私たちの思想や行動が生み出される鋳型と考えてよい。もし私たちが自分の思想や行動に満足していないようであれば、それをつくり出してきた鋳型のパターン（原型）を変えることが非常に大切なこととなる。

克己心を身につけるには、私たちに克己心を与える潜在意識の中に、一つのパターンをつくり上げることがどうしても必要となってくる。では、どのようにしてそれをしたらよいのか。それは、あなたが考えるよりもずっと簡単なことである。

あなたは、自分はこのようなものだと思っているから、まさしくそのようなのである。あなたの心のパターンが変えられないうちは、あなたは決して変わることはないはずである。あなたはおそらくこれまでずっと、臆病とか劣等感といった消極的な状態の心の絵を持ちつづけてきたのであろう。あなたが心に描いたものは、欠点と不安定だけであったろう。無能感は子供の頃に容易に人の心に宿り、何年もその心にとどまっているものである。あなたが持っているどのような劣等感も、それが潜在意識のパターンの一部を形成しているために、あなたから離れないのである。

転機となる瞬間

今この瞬間から、あなたがこれまであったようにではなく、そうありたいと思うように、あなた自身を見はじめることだ。これをするには、習慣を変えることが必要であるから、そのやり方を各段階、あるいは各ステップに分解して説明すると、ずっと早く身につくはずである。

ステップ1　まず、あなた自身をそうありたいと思うように見はじめることである。希望に頼ってはいけない。希望はあなたをどこへも連れていくものではない。あなたは自分自身の主人であると考えるのである。ゆったり落ち着いた気分で、自信を持って人前に出ているあなた自身を見るのである。あなたは彼らに好意を持つのだから、他の人もあなたに好意を持っているということを知るのである。みんなを助け、彼らを励まし、彼らの賞賛と尊敬を得た時の満足を考えるのである。他の人があなたの助言や意見を聞き、あなたの教えや指導さえも求めていることを見るのである。これを一時間とか一日だけするのではなく、あなたの想像が現実となる時が来るまで続けるのである。

ステップ2　あなたは、自分が考えるとおりの存在であるということは真理なのであるから、もしあなたの考え方を変えようと思ったら、あなたの考えの鋳型であるパターンを変える必要がある。

ステップ1で述べたイメージ訓練を続けて、「私は私という存在の主人なのだ」という考えを持ちつづけることである。朝目を覚ました時にも、日中にもこれを繰り返し、そして特に夜寝る前に、何回も何回もこれを繰り返すのである。

はじめはこの言葉を信じることは困難かもしれないが、動作は感情をつくるのであるから、繰り返しつづけるうちに、やがてこれまでの消極的な考えに取って代わるようになるだろう。

ステップ3　結果を待ちかまえてはいけない。そうすることは、この原理の効果について、疑いを持っていると示すことになる。結果を待ち望む代わりに、すでにそうなっているのを知ることである。もしあなたが土に種子を蒔いたとしても、すぐ芽が出てくることを求めたりはしないだろう。あなたは、適当に手をかけ肥料をやれば、いつか芽を出してくることを知っているからである。

あなたの潜在意識の再教育にも、これと同じ態度をとることである。消極的な習慣は長年にわたりそこに存在してきたのである。あなたの新しい積極的な心の絵は直ちに働きはじめるだろうが、蒔かれた種子と同じように、その姿形がはっきりするまでにはしばらくの時間が必要なのである。だから、それが実現することを知りながら、積極的な絵を心に持ちつづけることである。あなたがそれと気づかないうちに、新しい考え方という反響があるはずである。

ある青年が、ちょっとしたスピーチをするために、あるクラブの集会に招かれたことがあった。

彼のはにかみ加減は際立っていた。声が震えていることに加えて体のぎこちない動きが、どんなに固くなっていたかを示していた。集会が終わった後で、私は彼のところへ近づいていって、彼が話したことについてお祝いを述べた。私は、興味深くわかりやすい言葉で考えを述べる彼の隠れている能力をほめてあげた。そして、彼はいつか立派な講演者になるだろうと予言してあげた。

今ではこの男性は、彼が属しているクラブだけでなく、他のクラブからも講演に呼ばれている。その話も充分に聞く価値があるものになっている。このような変化は、まったく彼の自分自身に対する新しい態度のおかげであった。自分を演壇でははにかみ屋の、おどおどした男と見る代わりに、自分は面白い講演家だと心に描きはじめたからであった。

このことは、イギリスの哲学者で作家でもあったハーバート・スペンサーの言った言葉、「人をよくも悪くも、みじめにも幸福にも、金持ちにも貧乏にもするのは、その人の心である」ということを実証していると言えないであろうか。

習慣を支配する

あなたの新しい生活のパターンでは、あなたは習慣の奴隷からの解放宣言をするであろう。あなたは、これからは習慣の力によって強制されてするのではなく、自分がしたいと思ったことだけをするようになるであろう。これは、あなたのことだけを言っているのではなく、同時に過去の私のことについても語っている。私もたくさんの悪い習慣を持っていたのだが、それらを先に述べたのとまったく同じ方法で克服してきたのである。

次の言葉は、習慣を支配し制御するにあたって、あなたを助けてくれる真理である。

「人は精神を持った肉体ではない。人は肉体を持った精神なのである」

人は精神である。その肉体は、単に精神のために役立つものであるにすぎない。私たちの間にある唯一の基本的な相違は、その精神にあるのである。私たちの肉体は、すべて同じ要素から構成されている。私たちは誰でも、空気、食物、休息を必要とする。あなたは精神であり、あなたの肉体は、精神がなすべきことやしてはならないことを命令するのを、ただ実行するだけのものなのである。

たいていの人は嘘つきである

これはいささか厳しく聞こえるかもしれない。しかし、私が主張するのは、ほとんどの人は自分自身に対して絶えず嘘をついている、ということである。一般に、私たちが他の人に約束をしたら、私たちはその約束を守るであろう。もし約束を破るようであったら、その人に会った時は、いつも罪の意識を感じていなければならないことを知っているからである。

しかし一方で、自分自身に対して課した約束を破ったからといって、私たちの良心が悩むなどということはあまりない。だが本当は、こちらのほうがずっと問題なのである。というのは、私たちは、自分自身とはずっと一緒にやっていかなければならないのであって、約束をした人たちとはそうではないからである。例を挙げて説明してみよう。

ある人が、毎晩毎晩テレビの深夜番組を見て夜更かしをしている。だから朝はなかなか目が覚めない。思い切って彼はこう宣言する。「よし、今夜こそ早く休んでやるぞ」。その晩、テレビの番組表を見ていると、どうしても見なければならない番組があることに気がつく。彼は、それを見る。そして、約束を破ってしまう。

給料日に、いろいろな支払いを差し引かれてしまうと、もう数ドルしか残っていないことに気がつく。がっかりして彼はこう決心する。「よし、来月こそ俺はお金を貯めはじめるぞ」。次の月も彼は同じ債務を負い、同じ誘惑に陥り、同じようにしてお金は出ていってしまう。彼は、この約束もまた破ってしまったのである。

私たちは、これをするとかあれはしないという約束を絶えず自分自身にしているのだが、課された約束を守ろうとはしないのである。

自分自身に対して誠実であることは、見かけほどやさしいことではないのである。数年前に私は、これからは自分に対してする約束は必ず守るという約束を私自身に対してしたことがあった。この約束を守るには大変な意志の力が必要であった。たぶん一〇〇%はできなかったが、この約束を常に意識していたので、何とかそれを守れたと思う。

もし私が「明日の朝、気がかりな例の仕事を真っ先に手がけよう」と自分自身に言ったとしても、当日の朝になってみると、いつかまたやろうと、それを脇にどけてしまいそうになる。その遅延を正当化するような言いわけが心に浮かんでくる。しかし私は、自分に課した約束を思い出し、その仕事に着手するのである。もちろん、それをやった後は自分を誇りたい気分になり、衝動に負けなかったことを大変嬉しく思う。

理性を用いることによって習慣を制御したり、克服することができることもしばしばある。現在の私はお酒を飲むことが一度もない。しかし以前の私は、絶えず酒を飲んでいる人（依存者）の部類に入っていた。日中ものを書いている時でも、ちびちびやるために酒を置いてある戸棚のところに行く習慣がつくられていた。このような傾向は、放っておくと決してよいほうには向かわずに、悪いほう悪いほうへと向かうのが常である。

ある本に書いてあった「アルコールについて」という章が、私にアルコール飲料と別れる決心をさせた。この本でエミル・ボーゲン博士はこう言っていたのである。「アルコールを飲んでいる人は、飲んでいない人のようには疲れを意識しないことがある。だから彼は、自分は疲れていないと思い、また実際よりも、より早くより長い間働いていると考えることが多いものである。このような心理的効果のために、飲んだ後は元気を新たにして仕事の能率も上がると感じることがあるのだが、実際は、飲んでいない時よりもずっと早く疲れるのである。どの筋肉が使われるか、またそれがどんな形で使われるかに関係なく、アルコールの使用は、筋肉の活動を鈍くし、弱体化させることになるのである」

私が趣味の日曜大工をする作業部屋にはたくさんの動力機械があって、そのいずれもが不用意に用いると大変危険な代物である。今引用した文章は、酒気を帯びてそこで作業をすれば、アルコールによる注意力散漫のために、指の一本や二本を失うのは簡単なことだということを私に気づかせてくれた。私はまた、アルコール飲料のために毎週使うくらいのお金があれば、いろんなほしい大工道具を買うことができるということも考えた。そして私は、そうしたほうが毎朝酔いの残ったほろ苦い気持ちで目を覚ますよりも、ずっと大きな満足感が得られるだろうということも認めた。私は酒を飲むことをやめた。そして一滴も飲まなくなってから、もうずいぶんの年数が経っている。

私はこれまでいろいろな誘惑に遭ってきている。宴会での一杯のシャンパンを飲むように強いられたこともある。しかし私は決して酒を飲まないと約束したので、時にはそのための努力も必要なこともあるが、その約束を守りつづけている。

私は、これまでどれだけの煙草を吸ってきたかわからないくらいだ。若い頃から吸いはじめて、煙草をやめる前には、一日に五〇本も吸うところまできていたのである。私は自分の習慣を正当化しようとした。それによって心のやすらぎを得ているのだとか、煙草を吸って一服することによって仕事がはかどるのだとか言ったものだ。しまいには、喫煙によってこんなに大きい喜びを得ているのだから、決してやめようとは思わない、とまで言明した。しかしこれは、私にとっては真実だと受け取っていたのだが、実際は真実ではなかった。

どんな習慣にせよ、それに捕まえられた時には、彼はもはや楽しみのためにそれを追い求めるのではなくて、苦しみから逃れるためにそうするのである。

劇場に行って、中休みの幕が下りると、私は一目散に休憩室に走っていく。そこに着くまでには、煙草が口にくわえられ、ライターがポケットから取り出されているといった具合だった。私は、自分に与えられる楽しみを予期して煙草を吸いに走って行ったのではない。煙草が吸いたくて、苦しくてたまらないから急いで行ったのである。

私は、ポケットに煙草が入っていることを確かめないで、部屋を出るようなことは決してしなかった。いざベッドに入ろうとして、煙草がなくなっていることに気がついたこともしばしばあった。そのような時、夜中に起きて煙草を吸いたいという欲望を満たすことができないくらいなら、私は着替えをして、煙草を買いに町に出ていくほうを選んだものだった。

少し不快なにおいを立てている、いっぱいに詰まった灰皿、服の焼け穴、じゅうたんの汚れ、こういったものはすべて、この習慣の忌まわしさをかき立てるものであった。私は、煙草を差し出されて「いいえ、吸いませんので……」と答える人を、密かにうらやんだものである。「私は煙草のようなくだらないものの奴隷にならなければならないのだろうか」。私はある時、自分にこう問うてみた。そして、もう一つの約束をしたのである。煙草をやめるように自分自身に誓ったのである。

私はそのために一つの計画を思いついたのであるが、それは非常にうまくいったので、ラジオとテレビでそのことを話した。そして、数千の仲間がそのために習慣から解放されたことを知ったのである。仲間であるあなたも、それをやってみることをおすすめする。

私はまず、今後一週間、朝食が済むまでは煙草を吸わないと決心した。これは、もし私が煙草を吸いたいと思ったら、「私の願いを満足させるには、せいぜい三〇分待てばいいじゃないか」と自分自身に言い聞かせればよいのだから、守るのは容易であった。

第二週目には、昼食が終わるまでは煙草を吸わないことにした。これも、吸いたいと思った時には、あとどれだけたったら吸ってよいという時間を正確に数字で表すことができるので、そう難しいことではなかった。

その次の週は、夕食が終わるまで吸わないことにした。この頃になると、吸わないことがかなり習慣づけられてきていたので、これもさほど難しいものではないことがわかった。

このような手順を経て、丸一日すなわち二四時間煙草なしで過ごし、次は四八時間、その次は三日、四日、五日と、ついに丸一週間煙草を吸わないことに成功した。そして、それをさらに二週間、三週間に延ばし、煙草を吸いたいという欲望が完全になくなるまで続けたのである。

ギャンブルについて

ギャンブルもまた理性によって制御することができる。ギャンブルでお金を儲けるのは決してよいことをもたらさないものである。人は、友人が大儲けをしたといった話を聞くと、ギャンブルをやってみようかなどといった誘惑に駆られることがある。彼らは決して損をした話はしない。というのは、もしそういう話をすれば、長い期間で見れば、損をしたほうが儲けたものよりもずっと大きな額になることがわかってしまうからである。

推理力を用いてみることだ。ギャンブルで得た収入で、ぜいたく三昧に暮らしている人を思い出してみなさい。一人も思い出せないだろう。ところが、その一方では、収入の大半をギャンブルに使ってしまったために、食うや食わずでいる人々については、掃いて捨てるほど話を聞くのである。

人生における真の満足は、物事を達成することからだけ生まれるのである。あなたの財産を振り返ってみて、「この財産は私がつくったのだ」と言えるということは、どんなに心温まるものであろうか。

このステーションで一休みしたことによって、あなたの人生は多くの点で豊かになったはずである。あなたは克己心を身につけつつある。あなたは、習慣にあなた自身を支配させる代わりに、習慣を支配するようになるのである。あなたは、自分自身に忠実であることを自分に約束した。これからは、自分自身に何かを約束する時には、まずそれがあなたに守れる約束であるかどうかを確かめてから、これを守ることである。

これらの原理を役立てるために、この旅が終わるまで待っている必要はない。今すぐはじめることだ。今この瞬間から、自分自身に忠実になるという決心をすることである。その結果、あなたは自分自身を新たに誇らしく感じはじめるだろうし、約束をする場合にも、あなたが守ることができ、かつ守ろうとし、かつ守り通せる約束をするようになるであろう。

まず手はじめとして、よい約束がある。機会があったらいつでも、あなたが関わろうとする人に好意と信頼をもって接する決心をすることである。こうすることによって、この世界がいかに友好的なものになるかということを知り、あなたはきっと驚くにちがいない。私たちは、この旅の次のステーションで、ほめ言葉の価値についてもっといろいろなことを学ぶはずであるが、今はこの新しい、そして非常に有益な習慣を身につけるよい機会なのである。

第15章

第十一のステーション
優雅に金持ちになる方法

私たちの素晴らしい旅は、またもや短い休息に入ろうとしているが、そこで私たちは、もう一つの人生の偉大な学習を受けることになる。

あなたは金持ちになる鍵を持っている。富はあなたの思いのままだ。しかし、あなたは富を支配すべきで、富があなたを支配するのを決して許してはならないのである。

ベンジャミン・フランクリンは三〇歳の時、富について次のような賢明な意見を述べている。

「富はそれを持っている人のものではなく、それを楽しむ人のものである」

富はあなたの主人となることもできるし、使用人となることもできる。富ができつつある間に、あなたの富を楽しむ方法を知ることである。富が蓄積されてしまうまで待っていては遅すぎるのである。その頃には、生活の型がもう決まってしまっていて、それが、その人の持っているものを楽しむのを邪魔することになるかもしれない。

私が知っているある男性は、貧しい家庭の出身であったが、自分のために財産をつくろうと決心した。そしてそれに成功した。つらい仕事と大きな犠牲によって（その時の彼は六〇歳になっていたが）、一生自分を養っていけるだけのお金を蓄えた。しかしその時まで彼は、自分のお金で楽しむようなことは何一つしなかったのである。小さな慎ましい家で暮らし、家事のいっさいを妻が切り盛りしていた。この男性は、もっと自分のお金を使うことに思いを致すべきだったであろう。

世界的な不況がやってきて、彼は丸裸になってしまった。この男性は、人生の最良の時をお金を集めることに費やしたのだが、そのお金は彼に一瞬の楽しみももたらすことなく消えていったのである。

サンフランシスコに、街のほとんど一区画に及ぶ広大なビルを持っている男性がいた。家賃から得る収入で、彼は最上の家に住み、使用人を雇って暮らすこともできたはずだ。しかし、彼はどんな暮らしをしていたのだろうか。彼にとってはお金は神様のようなものとなっていたので、絶対に必要な時でない限り、一セントたりとも使おうとはしなかった。彼は一人暮らしで、小さな部屋に住み、自分で食事の支度をし、一枚のシャツをぼろぼろになるまで着ていた。普通の労働者でも、彼のような生活で満足する者はいないだろう。彼は人生から何を得ているのだろうか。

幸福は人に幸福を与えることから生まれる

真の幸福とは、他の人を幸福にしていくことから生まれるものである。私たちの財産は、もしそれが自分のためにだけ使われたとしたら、やがてつまらないものとなって、魅力を失ってしまうだろう。他の人を幸福にするために使うことによって、満足のための無限の源泉となるのである。

数年前、私はニューイングランドの有名な実業家と数週間過ごしたことがある。この人は、他の人の人生に幸福をもたらすために、これまでの全生涯を捧げた人だった。彼は、青年のための工業学校の建物をつくるお金を寄付した。また貧しい家の子供たちがよい環境のもとで休暇を過ごすことができるように、夏休みのための大きなキャンプ施設もつくった。匿名で寄付をしたこともしばしばあった。「私は顔に微笑を、心に歌を抱いて寝床につきます」。この慈善家は、与えることによる喜びを説明して、こう言ったものである。

優雅に金持ちになるということは、心に正しい手本を持って財産をつくりはじめることを意味している。建物は、シャベルが土を掘りはじめる前に、隅から隅まで計画されているものである。あなたは明日の財産の基礎を据えはじめようとしているのだ。それはよく考えられた構造を持っていなければならない。

この旅のこれまでのステーションで、あなたは新しい生活基準の計画を立てたはずである。その計画は、あなたが実現すべき財産のタイプに基づいたものだった。このステーションでは、私たちは、財産を最もよく利用するにはどうしたらよいか、そして特に、私たち自身がどう対処したらよいかを学ぶことになる。

数年前、私の著書の一つの中で、「与えることの基本的原則」という造語を用いたことがある。そこで私は、受け取る前にまず与えること、そして受け取るものが充分でないと思う場合には、それは充分なものを与えていないからだと考えるべきである、ということを指摘したのであった。

私はこの原則を、自然そのものから学んだのである。自然のどこにも、受け取るしるしなどはない。ただ与えるばかりである。春になって新しい葉が芽ばえないのではないかと心配して、秋に落葉しようとしない木がどこかにあるだろうか。自然においては、すべてが与えることばかりである。しかし、自然の産物である人間は、このような基本法則に直接逆らって生きようとしている。

与えることがすべて善だと言っているのではない。人はしばしば、与えることによって、与えることを拒むことよりもよりいっそうの害をもたらすこともある。

私が若かった時、五〇〇ドルがどうしても必要なことがあった。私の友人に、それくらいのお金は何の造作もなく貸すことができる男がいた。私たちの友情からすれば、二つ返事でお金が借りられると思ったので、早速私は彼に借金を申し込んだのであるが、驚いたことにこの友人はこう言ったのである。「ベンさん、私はそのお金を君に貸せないわけではないが、そうしようとは思わないんだよ」。彼は厳しい顔をしてこう言うのだった。「お金を貸すのは友情を破る最も容易な道だからね」

私にはこのお金が必要だったが、借りられなかったので、それを手に入れる手段を自分で考え出さざるをえなかった。

お金の必要がなくなった後で、私は、お金を貸すことを断ったこの友人に感謝した。彼が私にそのお金を貸してくれたとしても、その恩恵を受けるのはほんの一時的なことだっただろう。一つの必要は満たされたとしても、やがては支払わなければならない別の義務を負うことになる。これでは問題自体を解決できないだけでなく、将来同じような問題が起きた場合にも、すぐこの手を使うようにもなるだろう。

人を助ける最善の方法とは、その人が自分で自分を助けられるように手伝ってあげることである。お金を与えることは一時的には助けとなるかもしれないが、もしその人が自分で自分を助けられるように手伝ってあげることができたならば、いつまでも残る贈り物をしたことになるのだ。

この本を書くにあたって、私は、手に入る印税収入のことなど全然考えていない。この本のおかげで、人生を変えることができた人たちからの手紙が、私の最大の報酬なのである。それは私にとっては、印税などでは決して買うことのできない幸福なのである。

私の敷地には美しい樫の木の小さな森がある。私は、その木の下に大きなテーブルと椅子を置こうと考えている。これができたら、屋外パーティーに友人たちを招待する楽しみができる。そこに起こる喜びと笑い声は、それに使ったわずかな費用の何百倍となって私に返ってくることであろう。

シカゴに大きな幸福を味わっている人が住んでいる。彼はその家に、二〇〇人のグループに食事を用意することのできる戸外食堂を付設している。この食堂は、夏は開けっ放しにしておき、冬は締め切って暖房することができた。日曜日の朝ごとに、満員の人々に楽しい朝食が供された。招待状をいただきたいと申し込むだけで、誰でも出席することができた。そして、朝食の間、有名な講演家の素晴らしい話が聞けたのである。

「この日曜日の集まりから私が得た友情は、私の人生を非常に豊かにしてくれました」と、この非凡の人は語っているが、あなたにもおわかりのように、彼は人を幸福にしてあげることによって、自分も幸福を得ていたのである。

ある資産家が、彼の持っている独特な計画について私に語ってくれたことがある。借金を申し込まれると（もっとも、そういうことはしょっちゅうあるのだが）、もしその申し込みの理由に何か取り柄があると思ったら、彼はこの借金志望者に向かって一つの提案をするのである。「あなたが誰からも借りないで、自分の力でその金額の半分を調達したら、残りの半分を貸してあげましょう」と。「しかし、お金を貸す破目になることはめったにありませんね」と、彼はウィンクして見せながら私に語るのであった。「借り手が最初の半分を手に入れる勇気をなくしてしまうか、またもしそれを試みて半分を手に入れてしまったら、その人は私から借りる必要がなくなってしまいます。というのは、そういう人は、必要なお金を全部手に入れるところまでやってしまいますから……」

優雅に金持ちになる方法

あなたはすでに自分の目標を決めている。今では、あなたが自分のために設定した生活水準を手に入れるところまで、あなたを導いていく道を知っている。あなたの将来の心の平和と幸福のためには、充分な財産を築くだけでなく、あなたが接するすべての人々から尊敬と賞賛を得るようにしなければならない。

ある立派なレストランチェーンを経営している人の話であるが、この人は、店をひいきにしてくれる人たちに自分で直接会うことができるように、できるだけ多くの時間をそのレストランで過ごすことにしているという。純粋に利己的な見地から見て、彼の商売上、お客たちがその打ち解けたサービスを喜ぶことで、彼は大いに稼ぐことができるのである。しかし私は、この人の行動の陰にはもっと大きな理由が潜んでいると確信している。彼は人間が大好きなのである。

よい性格というものは、あなたが銀行に蓄えている預金よりもずっと素晴らしい財産なのである。性格がよければ、あなたが関心を持つどんな仕事の資金を調達するにも、さしたる困難を感じないで済むであろう。

資本家というものは、他の人々のお金を利用して、自分のお金でするよりもはるかに多くのお金をつくるものである。事実彼らは、自分の事業には自分のお金はできるだけ少なく使うようにしている。

私の友人は、七万ドルの土地を、たった一万ドルの頭金を払うだけで手に入れるチャンスを見つけた。彼は、間もなくそれを一二万ドルで売り払った。この男は七万ドルを投資して五万ドル儲けたのではない。彼はたった一万ドル投資して五万ドル儲けたのである。

ニューヨークのウェストチェスター郡で、一人の男性が一〇〇〇万ドルのアパートを建てた。しかもそれを一文なしでやってのけたのである。どのようにしたのだろうか。きわめて簡単である。彼は手ごろな土地の持ち主のところへ行って、持ち主と面白い取引をしたのである。「私は一〇〇〇万ドルのアパートを建てる目的で会社をつくろうと思っています。ひとつあなたの持っておられる土地を、会社の株と引き換えに提供なさいませんか」。こう話したのである。よいアイディアとともによい性格を持っていたおかげで、この取引は成立した。その土地に充分な価値があれば、融資会社は担保として建物と土地に抵当権をつけ、建物を建てるのに必要な資金を充分に、そして進んで提供してくれる。

アパートを建てる資金はこのようにして調達された。以前の土地の持ち主も大変暮らしがよくなったし、アパートは借り手ですぐ満員になり、やがて後にはたくさんの利益を得て売られたのである。同じような取引をいくつか成功させた後で、この創造的な男性は、一財産つくって引退した。その財産は、大きな自信の他はまったくの無一物からつくり上げたものであった。

優雅に金持ちになっていく人のことを考える時、私は「沈着」ということを考える。私は、効率よく、しかも自分は何をしようとしているかを知っている、どのようにしてそれをするのかも知っている、そしてこれは最も大切なことだが、現にそれを実行しているということを示している、沈着な態度で毎日を送っている人のことを心に描くのである。

このような人は、決して乱れたり、興奮したり、心配しすぎるようなことはない。満足した態度で絶えず前のほうへ、上のほうへと進んでいくのである。彼はリクリエーションの時間もとるが、それはそうすることができるからというだけではなく、それが彼を発展させるプログラムの一部となっているのが明白だからである。そして、彼の心はくつろいでいるので、リクリエーションの時間も充分に楽しめることになる。

私たちはやがて、この特別な旅の終点となる最初の高原に達しようとしている。あなたはその途中で、幸福な、成功した生活を確保するのに必要なすべてのものを身につけてきたはずだ。

この旅は、それを決行しようと決心した瞬間から奇妙な旅であった。普通の旅では、到着地に着いた後は、また出発点に引き返すのであるが、この旅では引き返すということがない。しかし、旅に出る前のあなたにどうして戻りたいと思うであろうか。私たちは、この最初の高原に適当な期間とどまっていて、それから、切り開くべき新しい道を求めて先に進むのである。

あなたは年をとりすぎているのだろうか

次のステーションに進む前に、述べておかなければならないことが一つある。あなた方のうち、誰かはたぶんこんなことを言うだろう。「私はこの旅に関して、これまで学んだことに全部賛成しますが、しかし私は、人生の新しいスタートを切るには年をとりすぎています」

これに対して、私は答えよう。「馬鹿なことを言うな」と。年齢が五〇歳だろうと八〇歳であろうと、あなたが新しいスタートを切るには年をとりすぎていると言いうるのは、ただ一つの場合だけである。それは、あなたが自分は年をとりすぎていると自分で考える場合のみである。

歴史を調べてみるならば、いわゆる初老を過ぎてから人類への偉大な寄与をした男女は、数えきれないくらいたくさんいる。生命は永久に続くのだ、といった態度で生きるのが一番よい生き方である。もちろん、あなたの生命は永久に続くわけではないのだが、もしあなたがそのような気持ちで生きることができるならば、そこからあなたに役立ついろんな利点が出てくるはずである。

まず、あなたはより長く生きるようになるだろう。死への恐怖が死を早めているのである。五〇歳を過ぎると私たちは、もう年をとりはじめていると思い、年寄りのように行動する。痛みや苦しみを年のせいにしはじめる。痛みや苦しみの原因を探してそれを治そうとする代わりに、何もしないで、「私の年ではこういうことは当たり前だ」と、あきらめてしまうのである。もしその人が、自分の生命は永久に続くのだという態度で生きているのだったら、その人は、自分の実際の年齢が何歳であるかに関係なく、新しい事業をはじめるのをためらいはしないであろう。

　人類が肉体的に成熟する年齢はまちまちであるが、普通は一六歳から二〇歳の間である。しかし、例外を除いて、精神的には五〇歳前に成熟することはない。ところが私たちの大多数は、五〇歳になると死の準備をはじめるのである。こう言うと、はじめはいささかびっくりするかもしれないが、考えてみれば、まったくそのとおりだということがわかるはずである。

　もちろん、このように言うのは、一般的なことを言っているのである。例外がないわけではない。私たちは、五〇歳を過ぎた人々のことを考える時には、年から見てとか、いい年だとか言う。そして自分も五〇歳を過ぎると、年をとったと考えはじめるのである。

　私たちは、何か新しいこと、特にそれが完成するのに五年、一〇年、あるいは一五年を要するようなものに手をつけることに、ためらいを覚えるようになる。このような試みを実行するには、年をとりすぎていると思ってしまう……。

　セールスマンでも商売人でも、毎年春のセールの終わりには夏枯れ対策をはじめるものである。人も年齢に関しては同じことをする。五〇歳になると、彼らは六〇代、七〇代が急速に近づいていると思って、手加減しはじめるのである。

　それから私たちは、友人たちの善意の忠告にさらされる。これもしてはいけない、あれもしてはいけないと強いられる。「これまでのようには若くはないのだから」というわけだ。言葉を換えて言うならば、年を意識させるために考えうるあらゆることが、私たち自身と他の人々によってなされるのである。なんと哀れなことではないか。

私たちが本当に完全な精神的円熟に達するには、五〇歳まで待たなければならないのである。最初の二〇年は子供から大きくなることと、初等教育を受けるのに費やされる。二〇歳と三〇歳の間には、世の中をよく知るために「力試し」をやりはじめる。三〇歳から四〇歳の間に、もし運がよかったら、やろうとした仕事に多かれ少なかれ根を下ろすことができよう。四〇歳から五〇歳の間は、経験を得ることに費やされる。そして、それからどうなるだろうか。私たちは、自分がもう年をとっているのだということに突然気がつく。私たちは、準備のためにだけ五〇年も費やしてきたのだが、いったい何のための準備だったのだろうか。

これが私たちのために用意された生命という名の自然なのだろうか。私はそうは思わない。少し自然を観察して、人類以外の生命に割り当てられた命の長さについて考えてみるがよい。たとえば犬だ。犬は一歳で成犬になるが、平均して一〇年、言葉を換えて言うならば誕生から成熟までの一〇倍生きる。人類を除く生物の平均年齢は、誕生から成熟までに要した期間の少なくとも七倍である。

自然は矛盾しているのだろうか。自然はあらゆる生物に一定の寿命を与えておきながら、あらゆる生命の最高の形態である人間には、最も寿命の短い生物の半分以下の寿命しか与えないのだろうか。そんなことはありえないではないか。人間の通常の寿命は少なくとも一二五歳であること、そして私たちが、自然の意に添って生きたり考えたりするならば、私たちもまたこの正常な年齢まで長生きすることができるということを証明するのは、決して難しいことではないのである。

もしあなた方の中に五〇歳を超した人がいるならば、それはあたかもあなただけのために書かれたものと思って、この本に書かれているあらゆる考えに従って生きることだ。あなたは、自分の肩から荷が下りて、新しい生命が蘇ってきたように感じるはずである。

今日私たちは、精神医学上の病気、いわゆる心の病気について、いろいろなことを聞く。あなたは、老化ということも、ある意味では精神医学的なものであることを知っているだろうか。私たちは、年をとることを期待するから年をとるのである。私たちは、七〇歳寿命説をすっかり信じているので、五〇歳を過ぎると急速に人生の終わりに近づいているのを感じるのである。私たちは、未来に伸びる活動からは手を引き、過去の中に暮らしはじめる。自分で好んで年をとっているのである。

あなたは現在あるよりも一五か二〇若いと考えることだ。そして、これまで述べてきた原則を全部自分に適用してみることだ。あなたは、この次に鏡に向かった時、きっと驚くにちがいない。あなたの目には、長年の間失われていた輝きが戻っているであろう。あなたの友人たちは、どんな若返り法をあなたが施したのかと不思議に思うであろう。

仕事を仕上げることに関しては、完全に成熟した人は若い人よりもずっと有利であるということを、あなたは知っているだろうか。何年も何年もかかって、知識を蓄積する機会を持ってきたのだ。その判断と決定は、円熟した思考に基づいたものである。アメリカの多くの大統領や、最高裁判所の判事たちの年齢について考えてみるがよい。世界の偉大な指導者の多くは、六〇歳をとっくに過ぎている人たちである。

だから、もしあなたが、私たちが今行っているこの風変わりな旅によって利益を受けるには、自分は年をとりすぎていると思うのだったら、潔く自分を恥じるがよい。

私はある時、デトロイト・ヨットクラブに招かれて講演をしたことがある。私は、「一二五歳があなたの正常な寿命である」というテーマについて話したのだが、講演が終わった後で一人の男性が近づいてきて、こう言ったのである。「ベンさん、若かった頃の私は、顕微鏡の勉強がしたくてたまらなかったのでしたが、その当時はよい顕微鏡を買うお金がありませんでした。だが、それが買えるようになった今となっては、このような趣味にふけるには年をとりすぎていると考えていました。しかし、あなたのお話をお聞きして、よい機械を早速手に入れて、ひとつやってみようという決心をしたのです」

その数年後に、私はたまたまこの男性に会ったのだが、彼は以前に会った時よりもずっと若返ったように見えた。その理由は簡単である。老人として過去に生きる代わりに、その心を建設的なことに向けて積極性を保っていたからである。

この旅から、よりよい生活の国へ行く手順をつかむためには、あなたは決して年をとりすぎてなどはいないのだ。

第16章

第十二のステーション　あなたの最初の高原とは

私が、アメリカ合衆国五〇番目の州になったばかりのハワイをはじめて訪問した時のことであるが、船がハワイに近づくと、すべての乗客は朝早く起きて、この素晴らしい島をまず一目見ようと、展望デッキの上に群がったものであった。ハワイの自然も、ダイヤモンドヘッドの後ろにふんわりとした雲をたなびかせて、私たちへの歓迎に一役買ってくれるかのようであったし、その雲に朝の太陽が差しこんで、はっと息を呑むような美しさであった。

私はその時デッキにいたすべての人々の興奮した顔を思い出すたびに、本書とともにこの素晴らしい旅に参加している読者のことを考える。またその人たちが「約束の土地」を一目見たいと思う願望は、もっと強いことであろうと思うのである。ハワイへの旅の場合には、乗客は、やがて記憶としてだけ残るものを吸収しておこうと夢中になったのであるが、この本書の旅では、私たちが自分でつくった地上の楽園、すなわち新しい成功に満ちた人生の入口を見ようとしているのである。

私たちは、これからそこに住みつく最後の住居に着いたのだろうか。ノーである。私たちは、この旅で得たたくさんの祝福や財産に完全に馴染んでしまうまで、ここにとどまるのである。それから私たちは、進むべきさらに新しい道を探すのである。

今や私たちには、偉大な変化に対処する準備ができている。私たちが自分でつくった地上の楽園は、私たちの心にとってははっきりした現実的なものであるし、私たちの心の目には鮮明に見えている。依然として私たちの肉体の目には、旅立つ前と同じ環境、すなわち同じ家、同じ衣服、同じ仕事、同じ経済状態が見えている。

しかし、過去に私たちが所有していたすべての物質的なものに対する私たちの態度は、完全に変わってしまっている。これまで持っていたような欠乏感、意気消沈、あるいは自己憐憫といったものは、完全に消え失せている。私たちは、以前には考えもしなかったような喜びの感情を持っている。というのは、私たちは今や、自分が欲する生活、それが自分のものとなるであろうことを知っている生活へのはっきりした未来像を持っているからだ。

この旅に出た時、私たちは、精神こそ人間そのものであって、肉体は単なる下働きをするものにすぎないということを学んだはずだ。私たちの精神がこの素晴らしい旅を試みたのであって、肉体は、素晴らしい再会の瞬間まで「かまどの火を黙々と燃やしつづけていた」にすぎないのである。

ずっと昔の物語を述べることを許していただこう。まったくの架空の物語ではあるが、その中にはきわめて健全な原則が盛られている。

大金持ちではあるが体が弱い男と、素晴らしい健康を持ってはいたが貧乏な男という二人の人間がいた。二人はお互いに相手をうらやんでいた。金持ちの男は、健康な体のためには喜んでその富をくれてやってもよいと思っていたし、貧乏な男は、物質的富のためにはいつでも健康など捨ててよいと思っていた。

その物語によると、ある世界的に有名な外科医が、一方の体から他方へ脳を交換する方法を発見した。金持ちの男は、貧乏な男に対して自分たちの脳を交換する取引をした。金持ちの男は貧乏にはなるが、素晴らしい健康体を手に入れる、一方貧乏な男は金持ちになるが、いつも痛みや苦しみに悩まされる体を持つようになる、ということであった。

手術は成功した。そして貧乏な男は金持ちになり、金持ちの男は貧乏になった。そこでいったいどんなことが起こっただろうか。

以前の金持ちの男は、常に成功するという意識を持っていた。彼はどうしても自分が成功するということしか考えられなかったのである。だから、このような考え方をしているために、この男は間もなく別の財産を蓄積した。しかし彼は、成功への自覚とともに、いつも自分の体のことを心配していた。いつも病気にかかりはしないかと恐れ、少しでも痛みや苦しみを感じると、すぐそれをおおげさに考えてしまうのだった。だから、こんなふうに考えていたために、彼の素晴らしい体も、間もなく病弱な体になってしまったのである。別の言い方をするならば、彼は、病弱な体を持った金持ちという、以前の状態に戻ってしまったのである。

ところで、新しく金持ちになった男のほうはどうなったかを見てみよう。この男は、いつも貧乏だという意識を持っていた。彼は、自分を貧乏以外の何者であるとも考えることができなかった。

手に入れた富で、それに釣り合った新しい生活基準を打ち立てようともせず、次から次へとくだらない投資にお金を注ぎこんでしまった。そして、「馬鹿とお金はすぐに離れる」という古いことわざどおりになったのである。お金はやがて四散してしまい、彼はまた元の貧乏人に戻ってしまった。だが、体のほうはどうだったろうか。彼は、病気に関する限り、決して自分の体のことを思い患うようなことはしなかった。彼はいつも自分は健康なのだと考えていた。だから、脳を交換した時に受け継いだ病気のことなど考えないでいるうちに、病気はいつの間にか消えてしまい、以前そうであったように、素晴らしい健康体になったのである。

この物語は、このようにして二人とも元の木阿弥に戻ってしまったところで終わっている。

さてここで、私たちがこの物語から学ぶべき教訓とは何だろうか。私はずっと前のステーションで述べた次の言葉を指摘しておきたい。「あなたは自分がそうであると考えるとおりの人である」

あなたは自分がそうであると考えるとおりの人である

あなたは、自分自身に関して自分が抱いている考えどおりの人なのである。

この旅であなたは、自分自身に関してまったく新しい考え方をするようになった。今ではあなたは、あらゆる反論や批判を乗り越えて、未来は自分の手でつくられるものであり、あなたはそれを自分がつくりたいと思うようにつくるだろうということを知っているはずである。

あなたはすでに、失敗ということを知らない成功意識を身につけている。あなたはすでに、達成の満足を学んだはずだ。そして、あなたの計画が実現し、自分の目標が現実のものになるのを見るにつれて、最大の幸福を手に入れるであろう。

私の経験は、この点について、非常によく説明できる。販売の能力や技術について、私にとってはこれまでずっと関心のあるテーマであった。私は売るのが好きであるが、同時に他の人にものを売ることを教えるのも好きである。

数年前にニューヨークで、私は、セールスマンらが高揚した気持ちでその週をはじめるのを助ける目的で、毎月曜日の朝、あるグループに三〇分間のスピーチをする仕事をしていたことがある。私が話す相手は約三〇人ほどであった。私は、このスピーチが彼らの役に立っていることを確信していた。彼らの販売成績はよかったし、彼らも毎週私が話す内容を喜んで聞いているようだった。しかし、彼らに関してどうしてもわからないことが一つあった。それは、セールススタッフのうちで最も高い教育を受けた人たちのうちの何人かが、販売成績が悪く、あまり教育を受けていないうちの何人かがトップの成績にいることだった。

常識で考えれば、よい教育を受けたことが何の障害になるはずもなかった。しかるに、そのような相違が出てくるというのはなぜであろうか。私はその原因を見つけ出そうと決心した。

私はセールスマンの心理について研究をはじめた。そのように相違する原因を発見しようと思ったのである。そうして一つの発見がなされた。それ以来、その発見は数千人のセールスマンが販売記録を改善するのに役立ったのである。

私が発見したのは、仕事に関する完全な知識は非常に大事なことではあるが、その人が自分自身について持っている印象に比べれば、その重要性においては第二義的なものである、ということであった。すなわち、偉大なセールスマンが偉大であるのは、彼が自分自身を偉大なセールスマンと見ているからである。凡庸なセールスマンがそうなのは、自分自身を、どうにかやっていけばよい人間だと見ているからなのである。

ある月曜日の朝、私は彼らに、ある実験を一緒にやってもらいたいと提案した。私は、彼らに「私は偉大なセールスマンだ」と数回自分に向かって繰り返すことで、一日をスタートするように求めたのである。そしてその日の予約の客を次から次へと訪問している間も、「あの人は私に会ってくれるだろうか」「この前のように断られるのではないだろうか」などといった消極的な考えを持つ代わりに、「私は偉大なセールスマンだ」というモットーを言いつづけるように求めたのである。夜ベッドにつく前にも、「私は偉大なセールスマンだ」という言葉を数回繰り返す。

「そんなことは矛盾したことのように思いますが……」とセールスマンたちは私の話をさえぎった。「私は自分がよいセールスマンではないことを知っています。だから私にとっては、私は偉大なセールスマンだと言うことは、自分をあざむいていることになると思うのですが……」。そのうちの一人はそう言うのだった。「なぜあなたは立派なセールスマンではないのですか」と、私は同情の気配を見せながら笑った。彼の顔は赤くなった。これまで自分を成績の低いセールスマンだと見てきたために、拙いセールスマンだったのを悟ったからである。

販売会議が開かれていた部屋には、天井まで届くようなトーテムポールが置かれていた。この柱には、床からてっぺんまで、小さな鉤《かぎ》のついた糸が下げられていた。セールスマンたちは、それぞれ自分の名前のついたカードを持っていたが、そのカードの隅には小さな穴が開けてあって、その鉤の一つにカードをぶら下げられるようになっていた。そして、彼らの販売成績が上がると、そのカードがより高い鉤にかけられるという仕組みであった。

私の提案に一番はじめに異議を唱えたセールスマンのカードは、上がりはじめた。そして下から上へと、とうとうほぼてっぺんに近いところまで達してしまったのである。次の販売会議の時に、私は「あなたの流星のような上昇は、いったい何のせいなんですか」と、この男性に聞いてみた。頬を少し紅潮させて彼はこう答えた。「私は偉大なセールスマンです」。そして彼の売上げは実際に、それが本当だということを証明していたのである。この男性は、自分を拙いセールスマンだと見ていた間は駄目だったのであるが、自分についての心の絵を変えた途端、彼はうまくいきはじめたのである。

彼らのほとんど全員に一般的な改善が認められた。しかし、一人の男性だけは、そのカードは実験をはじめる前に中ぐらいのところに掛けてあったのであるが、その後も同じ位置にとどまっていた。私はなぜか不思議でならなかった。後になって私は、彼が同僚に向かって、私の提案は「ごまかしにすぎない」と語っていたことを知った。

この原理は魔術ではない

精神とその作用を理解している人々にとっては、この原理が非常に健全なものであるという理由はきわめて明らかである。潜在意識が、意識によってつくられたパターンに従うからそうなるのである。

もしあるセールスマンが、自分は拙いセールスマンだという心の絵を持ちつづけるならば、潜在意識は、考え方においても行動においても、その人を拙いセールスマンにしてしまうようにその人に命じるであろう。彼の商品説明は筋の通らない、間違ったものになってしまうし、顧客に適切な印象を与える力強さにも欠けてくるのである。しかし、もし彼が自分自身を偉大なセールスマンとして見るならば、述べる考えもしっかりしたものになってくる。熱意が生まれ、それが声や態度に反映して、それが客の心に訴えるのである。この原理は、セールスの仕事に効果があるだけでなく、人生のあらゆる局面に役立つであろう。

若かった頃、私はニューヨークで小さな広告代理店をやっていたことがあった。私たちは、宛名広告を専門としていたのだが、それには多数のセールスレターが用いられた。私は、自分によいセールスレターを書く能力があるとは思っていなかったので、社外の専門家に依頼した。

ある時、その専門家が書いてきたいくつかのセールスレターが、どうにも採用できないようなまずいものだったので、「なぜ私がよいセールスレターを書けないのだろうか」と、そこで自問してみた。そのことについて考えていくうちに、私は、自分がよいセールスレターを書くことができないと考えているために、よいセールスレターが書けないのだ、ということに思い当たった。

私は自分自身に関する心の絵を変えた。私は、自分はよいセールスレターを書くことができるのだという考えを自分自身に売りこんだのである。私が顧客のために書いたセールスレターは非常によい結果を出すようになったので、やがてセールスレターを書く仕事に専念するようになり、収入もぐんとよくなった。私は、自分をそうであると見ていた間は、まずいセールスレターしか書けなかった。私がよいセールスレターを書けると私自身を見るようになった瞬間から、私はよいセールスレターが書けるようになったのである。

最もよい親とは、自分たちをよい親であると見ている人たちである。彼らは、自分たちをよい親にするために適切なことをするように、潜在意識の偉大な知能によって導かれているのである。

「そのようなことはできない」という言葉

ゼネラル・モーターズ社の研究部のトップとして長年にわたり業績を上げてきたチャールズ・F・ケタリングは、ある時こう言ったことがある。「私の研究所に人を雇う時には、私はできないという言葉を言ったことがない人を選ぶようにしている。私たちの最上の発明のいくつかは、このような人のおかげでできたのだ」

私たちの偉大な発明の大部分は、かつて理屈を超えていると思われたアイディアから生まれた。「そのようなことはできない」という、よく聞かれる考えは、できないと思わない誰かが成功するまで、可能な発展を遅らせてしまうのである。

ある男性が、現在よりはずっと高い給料でずっとよい仕事の口があったので、これまで勤めていた会社を辞めようとしていた。この男性を引き止めておこうと思って、最初の雇い主は、彼にこう警告したのである。「君はあそこへ行っても、決してうまくはいかないよ」

最初の数か月間、この男性は、よい仕事はできなかった。そして、やがて別な仕事を探さなければならない破目に立ち至ることは目に見えているようであった。ある日彼は、自分自身にこう問うてみた。「いったい私はどうなっているのだろう。なぜ私はこの仕事に失敗しているのだろうか」。そして、それまでの経過を思い返してみた時、彼には、はっと思い当たることがあった。ほとんど毎日、「君はあそこへ行っても、決してうまくはいかないよ」という警告が、彼の心に鳴り響いていたのである。そこで彼は、断固たる決意で、「私はよい仕事をするぞ。私はよい仕事をしているぞ」という考えを心に持ちつづけていくことを実行した。風向きが変わってきた。彼はよい仕事をするようになっただけでなく、間もなく給料も大幅に上げてもらったのである。

「君は私をだましましたね」と、昇給を彼に告げながら、新しい雇い主は言ったものである。「君がここに来てからの数か月というものは、いつ辞めさせようかとそればかり考えていたものだよ。そして突然、君の仕事はよくなりだした。今では、君はうちのベストメンバーの一人だよ」

もうおわかりだと思うが、この男性は、消極的な暗示を受け入れて、それに従って行動していたのであった。自分自身をよい仕事ができるものと見はじめたその時から、彼の業績は上昇しはじめたのである。

私はできる、私はやる、私はやっている

あなたは、自分は大きなことを完成することができるということを学んだ。あなたは、自分は大きなことをやってやるぞという決心をした。しかし、あなたにもう一つの偉大な真理を銘記しない限り、私の仕事は完成したことにはならない。

「やるぞ」という言葉は、はっきりしない面を持っている。あなたは、あることをやるぞと決める

かもしれないが、いつやるかははっきりしていない。それは明日であるかもしれないし、来週、来月、来年であるかもしれない。あるいは、これから数年先の場合さえありうる。それでもあなたが結局それをするのだったら、あなたは約束を守ったことになるであろう。私たちは、これをやろうとしている、あれをやろうとしているという人にはたくさん会うのだが、彼らは決してそれを実行するところまでは達しないのである。

あなたは今やこの最初の高原に到着したのであるから、あなたの意思を行動で裏づけなければならない。つまり、この新しい世界への旅に出る前に存在したあなたを、今やあなた自身が抱いている新しい絵に一致するあなたと取り換えなければならないのである。

私の友人が、ぐずぐずしていたこと、すなわち行動に移さずに、いつも何かをしようと言うばかりで、いかに自分の人生を駄目にしていたかについて、私に話してくれたことがある。

彼の話によれば、そこに行けばよい仕事ができることは確かだと思われたある会社があった。彼はそこに入ろうと決めたのだが、その計画を行動では裏づけなかった。秋には、春になったらやりだそうと思っている。しかし春が来ると、やがて夏がやってくるのだから、秋にスタートしたほうがよいだろうと思ってしまう。そして、次から次へと、遅れに遅れてしまうのである。

とうとう彼は、季節から季節へと行動を先延ばししている自分に愛想を尽かして、思い切ってやりはじめた。そして彼は、それを見事にやりとげたのである。「私が失った成功と大きな幸福の何年間を考えてみてくださいよ」と、彼は残念そうに付け加えるのであった。

ぐずぐずしていることを克服する方法

多くの人はなぜぐずぐずしているのだろうか。またどうしたらそれを克服することができるのだろうか。これは決して難しいことではない。平凡なセールスマンを偉大なセールスマンに変えるのと同じ原理が、人がぐずぐずする習慣を克服するのを助ける場合にも、魔法のような効果を発揮するのである。

まず、物事を今すぐやっているあなた自身の心の絵を描いてみることである。目標を定め、あなたの推理能力によってそれは達成可能なものだとわかれば、できるだけ早い機会にスタートしたいという衝動が必ず起きるのだと知ることである。あなた自身を、行動を好む人物として見ることである。そのようにしていくならば、あなたは最終的によい結果をもたらす何事も、時間を無駄にせずにはじめられるであろう。

あなたは今、最初の高原にいるのだ。そこであなたは、この旅の間に決めた目標を現実のものとするであろう。

この機会に、旅の途中で見つけた黄金の機会をわずかでも逃がさないように、私たちの旅の各ステーションをもう一度思い返してみたい。

第一のステーション——幸福とは　ここであなたは、幸福に生きることによって、人生からより多くのものを得られるだけでなく、幸福は成功に欠くべからざるものだと学んだはずだ。

幸福について語るにあたって、私は、幸福とはいつも理由もなくにやにや笑っていることだというような印象を与えないように努めたつもりだ。私が言う幸福とは、「神は天にあり、この世は事なし（神、そらに知ろしめす　すべて世は事もなし）」と詩人のブラウニングが「春の朝《あした》」で言ったことを感じさせるような、温かい満足感をあなたの心に与えるものである。あなたは、自分が考えている考え、していることに満足している。私はそうなることを確信しているが、あなたは今すぐ幸福になるべきである。

第二のステーション――熱意を持つこと　熱意とは、目標に向かっての行動を明確な満足に、いや、喜びでさえもあるようにするという、人を動機づける力である。

このステーションで、あなたは熱意を発揮するように忠告されただけでなく、どのようにしてそうするかも教えられたはずである。このステーションでつくったあなたの目標チャート（リスト）を、もう一度見直してみよう。

私は今、あなたの熱意を感じ取っている。あなたは自分の未来に出現する、たくさんの素晴らしいことを待ち望んでいる。そして、その目はまるで、クリスマスの朝にクリスマス・ツリーとそこにぶら下がっているたくさんのプレゼントを見つけた子供の目のように輝いている。

第三のステーション――楽しい不満　もし普通の人に、あなたはまず、これまでの自分のあり方に不満を持つべきであると言ったら、その人はびっくりしてあなたを見るであろう。しかし、あなたはそうはしないはずである。

もはやあなたは、最高のもの以外はどんなものにも満足しないであろう。成功、幸福、裕福こそ、あなたがまさしく手に入れるべきものであることをすでに知っており、またあなたはほしいと思うものがどうしたら手に入るかも知っている。

ヘンリー・フォードは、現状に不満を持っているしるしが見える若者、特に、物事を改善することについて何か提供できる考えを持っている若者に注目するという。そして、次のようにも言っている。「常に何かを求めている青年、物事がなぜそうなっているのか、そしてそれをよりよくするにはどうしたらよいか、ということを知りたがっている者こそ、潜在的なリーダーシップのしるしを示している者だ」と。

第四のステーション――行動せよ　意思の力だけで前進しようとしても、仕事が困難で、しばしば人の意気を消沈させることがある。このステーションで旅行者は、幸福と熱意の結合によってそれらに拍車をかけることになる。

以前には仕事に取りかかるのをぐずぐずするような傾向があったとしても、今はそれはなくなったはずだ。あなたは今では、目標・計画・行動という三つの合い言葉の結合によって導かれているのだから。

第五のステーション――連続性が大事　このステーションで述べたことは、行動の連続性である。進歩しない日は一日もあってはならない。この旅で旅行者は、自分の進歩を楽しむために、そして休養やリクリエーションのために、時には休息することがあるかもしれないが、全体の方向は常に前方に、上方にと向かっているべきだと学んだはずである。

第六のステーション――構成要素を考える　建築家は、建物を設計するにあたっては、建設に必要なすべての項目を前もって決めてしまう。あなたもすでに、成功を構成するものが何であるかを決めてしまっている。あなたは、このステーションにとどまっている間に、自分が望むような成功を実現させるのに必要な要素を、リストにしてつくっておくことが望ましいと学んだはずである。

第七のステーション――分解と統合をしてみる　建物は煉瓦の一枚一枚からつくられる。旅は一キロずつ進んでいく。絵は一筆ずつ描かれて完成される。完成された全体にだけ執着していては、それを達成する仕事が恐ろしく困難なものに見えることが多いものである。ここであなたは、個々のステップに注意を向けることを学んだはずである。この手順を経れば、個々のものは簡単に見え、そして実際にも簡単になる。

このことを知ることによって、あなたの熱意も大いに増すし、それがまた、より大きな幸福感をもたらすことになるのである。

第八のステーション――大と小を考える　このステーションでは、物事の達成を簡単にする鍵を手に入れたはずである。あなたがほしいと思うような満足を手に入れることが自分の大目標だとすると、その目標を達成するための各ステップは小目標と考えられる。それをまず第一の大目標だと思って、それぞれの小目標に挑戦していくことによって、小目標から小目標へと攻略していき、ついには本当の大目標に達してしまうであろう。

あなたが持つどんな願望に関しても、まず小目標を考える習慣をつくることである。そうすることは、あなたに行動を起こさせることに大いに役立つし、ぐずぐずする習慣から脱却する手段にもなるであろう。

第九のステーション――生活の新しい基準　あなたは、朝起きた瞬間から夜寝るまで、習慣の連続によって生活しているのである。

今やあなたは裕福への扉を開く鍵を手に入れているのだから、生活の新しい基準をつくることを計画すべきである。このことは、自慢をしたり見せびらかしたりする態度をとることを意味するのではなく、生活水準をあなたが獲得する新しい能力に合わせることを意味している。

第十のステーション――新しい生活のパターン　私たちは誰でも存在してはいるのだが、本当に生活している人は非常にわずかである。私たちの今日は、単なる昨日の連続であるにすぎない。しかしこれは、もはやあなたについては真実ではない。あなたはすでに新しい生活のパターンである成功、力強い健康、そして幸福に満ちた生活の型をつくってしまっているからだ。

習慣とその力について、これまでに学んだことを忘れないでいてほしい。今やあなたは、新しい習慣、新しい生活のパターンをつくり出す途上にあるのだ。

第十一のステーション――優雅に金持ちになる方法　新しく手に入れた富を絶えず見せびらかしている者ほどいやなものはない。金持ちになるには方法がある。自分よりも金持ちでない人に嫌われるようであってはならない。

あなたが独自の成功のパターンを身につけるにつれて、今では、あなた自身が他の人から敬愛されるためには、その素晴らしい財産をどう活用すればよいかを知っているはずだ。

第17章 新しい道しるべ

あなたが今終えた旅の計画を立てはじめたのは、ついこの前のことである。あなたはよい旅行者であった。

あなたの現在の達成結果を楽しみながらも、あなたは、これから進むべき新しい道しるべについて考えはじめているであろう。あなたの最初の目標は、金持ちになることであったかもしれない。そして今では、もっと教養ある人間になりたいと思っているかもしれないし、あるいは芸術とか工芸とか科学の分野で、熟達者になりたいと思っているかもしれない。あなたは上方へ、前方へとどこまでも旅を続けていく習慣を身につけているのだから。

（あなたがこの旅をはじめてからごくわずかの時間しか経っていないということ、そして、このような短期間にあなたの目標を、いやその一部でさえも達成することは物理的に不可能であるということはわかっているが、私は、あなたの目標は今では達成されたものとして話を続けるつもりだ。

なぜならば、それはいずれ達成されるはずのものだからである。私は間もなく、私自身の新しい道しるべを求めて進むために、この仕事を終わりにしようと思うが、その前に、人生を通じてあなたを導く進路地図を与えたいのだ)。

あなたがはじめて旅を計画しはじめた時、すなわちあなたが自分を幸福にすると考える物質的なものについて考えはじめた時には、あらゆるものに取り囲まれていたように思ったことであろう。私はあなたが自分に向かってこう言うのを目の当たりに想像することができる。「なんと、私にこれらのものが全部手に入るのだったら、私の人生は何も言うことがないのだがなあ」

私が前に言った言葉を、もう一度繰り返すことを許していただきたい。「一箇所にじっととどまっているものは何もない、必ず前に進むか後に戻るかしている」

もしあなたが目標を手に入れた後でとどまっているようであったら、人生はやがてその輝きを失ってしまうだろう。あなたが持っているものは何でも当たり前のことだと思うようになり、人生に対するあなたの熱意は消え失せてしまうであろう。

私は、財力の点では大部分が「功成り名遂げた」という人たちが会員の、とあるクラブに招かれて行くことがときどきある。そのクラブの読書室にいる人たちの顔を研究することは、(考える人間にとっては)なかなかの勉強になる。上へ上へと登っていた頃に彼らを特徴づけていた活気や熱情の面影は、もはや消え失せている。彼らの時計がもう家に帰る時間だということを告げると、「やれやれ、今日も終わった」といった態度をする。このような裕福な人たちの態度は、一日中何かつまらない仕事をして、一日の終わりには「やれやれ」といった感じで、その退屈な場所から離れていく人たちの態度とまったく同じなのである。

あなたにはこのようなことはないはずである。あなたが、将来の安定を保証する目標を達成し、自分のために定めた生活水準を手に入れた後も、冒険心と物事をやりとげようとする精神がいつまでもあなたの胸に脈打っているように、新しい道しるべを求めつづけていくことであろう。

ある大きなチェーン店の社長が私を昼食に招待してくれたことがある。私の助言を聞きたいと思ってのことであった。

「私が幸福でないのはなぜでしょうか」。彼はこう聞いてきた。「私は裕福です。私の家庭生活は幸福です。私を悩ます特別の経営上の問題は何もないのですが……」。この人は巨大な事業をつくり上げ、各部門に配置した有能な部下たちのおかげで、事業は順調に運んでいた。家庭は華やかであり、家族の充分な協力のもとに、うまくいっていた。

このような立場だったら、たいていの人は天国にでもいるように感じることだろうが、この人は不幸だったのである。なぜだろうか。彼は新しい興味や関心をつくり上げていなかったのである。『ベニスの商人』の中でモロッコの王子が、「ぴかぴか光るものが必ずしも全部金《きん》ではない」と言ったが、私たちはこれをもじってこう言うこともできよう。「うらやましがられる人が必ずしも全員幸福だというわけではない」

ある女性は、夫が経済的には大変成功したのだが、ときどき死んでしまいたいなどと言いだすことがあると、心配そうに私に相談にきたことがある。彼女は、夫の意気消沈の理由がわかるかもしれないから、ぜひ一度自分の家に来てくれと言うのだった。

彼がなぜ意気消沈しているのかを知るには、長くはかからなかった。彼は、会社のトップにのし上がっていた。物質的な点では、これ以上必要なものはほとんどなかった。彼の将来は安定していた。しかし、彼の興味を刺激するもの、過去の「古きよき時代」に生きる代わりに明日に向かって奮い立たせるようなものは、何もなかったのである。

私は、何か隠れている彼の興味を発見することができないかと思って、いろいろと試してみたが、はじめのうちはどうもうまくいかなかった。次々といろんなテーマを並べてみたが、反応はなかった。たまたま私が、炉棚の上に置いてあった船の模型のことを尋ねたのだが、それがうまく当たった。それは、コロンブスがあの歴史的な探険航海をした時の旗艦サンタ・マリア号の模型であった。「それをつくったのはもう三〇年も前のことです」と、目に自慢の名残を浮かべて彼は言う。「それは驚くほど昔のことですね」。私は、その船の細部を丹念に見ながらそう言い、そしてこう付け加えた。「なぜ続けて、あの時のコロンブスの艦隊を構成していたピンタ号とニーニャ号をおつくりにならないのですか」

「え、ええ、どうしてでしょうか……私にもわかりません」。彼は答えを探して目を宙に据えたまま、こう口ごもった。それから私のほうに向きなおって、ほとんど決意したような表情でこう言明した。「これから、やってみようと思っています」

自宅のガレージの一隅に作業机が取りつけられ、道具も一式取り揃えられ、模型船の建造がはじまった。その後聞いたところでは、彼はコロンブス艦隊の他の二隻の模型を完成したばかりでなく、今ではアメリカ海軍年鑑に載っているほとんどの有名な船の模型を嬉々としてつくりつづけているそうである。

「あの人は元のようではなくなりました」と、彼の妻は幸せそうに言うのであった。「余技で時間をつぶしている間に、会社で昼の間たまった緊張はすっかり取れてしまいます。あの人がこんなに幸せそうなのは、久しく見たことがありませんでしたわ」

あなたは音楽が好きだろうか。「好きです」とあなたは言うかもしれない。「しかし、私の年ではもうやれませんよ」とも。

かつてあるピアノ教師が私に、彼女が持った最良の教え子は、七三歳を越えてからピアノをはじめた老人だったと語ったことがある。もしあなたが音楽が好きならば、それは、あなたも楽器を演奏できるという資質を表しているのである。

ごく若い人はいろいろ他のことに気が散るから、強制しなければ楽器の練習などしないかもしれないが、大人になった人が、自分から楽器を演奏できるようになりたいと思って練習に取りかかる場合には、練習がそのまま心を楽しませることとなるのである。

ある西部の町の警察署長が、もう相当年をとっていたのだが、気晴らしにオルガンを練習することにした。彼は私にこう語ったことがある。「私はとても上手なオルガン弾きになりたいと思っているわけではありません。しかし、これは私にリラックスした気分を与えてくれますし、私の毎日の仕事からの気分転換に役立つのです」

この署長の部下たちも、署長が楽しみにして話すものだから、彼の趣味のことをよく知っている。

この人は、自分の仕事の上で行き詰まるようなことは決してないだろう。彼はいつも新鮮な興味を持っていて、過去に生きるだけでなく、未来に向かっても生きているのである。

あなたはものを書くのが好きだろうか。たいていの人は書けるようになったらと望んでいるのだから、たぶんあなたもこの質問には肯定的に答えることだろう。あなたは、自分は書くのが好きだとは言うかもしれないが、自分が果たして書けるかどうかについては自信があるだろうか。

ある女性が、「私は書くことがとても好きなのですが、それができないのです」と言って、三つの理由を挙げたことがある。その理由とは、(1)彼女には国語の力が充分でない、(2)どうやって文章を書きはじめたらよいかわからない、(3)もし書いたとしても、その作品を買ってくれる人は誰もいないだろう、ということだった。

もちろんあなたは、これらはいずれも理由ではなくて、単なる言いわけにすぎないことを知っている。人は、たとえどんな年齢であろうと、その国語力をたやすく改善することができるはずである。それにはいろんな方法がある。国語の力を改善するのに役立つ教育講座もあるし、読む時に辞書をそばに置いておくという手もある。わからない言葉が出てきたら、それを開いて見ればよい。一日にたった一語を覚えるとしても、一年経てば三六五語が覚えられるわけだ。

文章を書くテクニックを覚えるにも、たくさんの方法があることがわかるであろう。新聞、雑誌、本、その他いろいろな形式の文章を書く方法を教えてくれる、いくつかの教育講座がある。

そして、「もし書いたとしても、その作品を買ってくれる人は誰もいないだろう」という、最後の言いわけだが、編集者や出版社は常によい原稿を探しているものである。もし彼女が、自分は書くことができるのだという自覚を持ち、真剣な計画でそのためのノウハウやテクニックを磨いていくならば、彼女には編集者や出版社が受け入れてくれるものが書けるはずである。

数年前のことであるが、ある女性が、自分が抱えている問題を書いたかなり長い手紙を私にくれたことがある。それは美しい文章で、実に巧みに自分の考えを述べていたので、私は、なぜ彼女がものを書くことを職業としなかったのか、と尋ねたくらいであった。彼女は、そのようなことは考えてみたこともなかったということだった。

小石を池の中に落とすと、さざなみが立ち、その輪を次第に大きくしながら、その池の一番遠い岸に達するまで広がっていくだろう。感受性の強い心に考えの小石を落とした場合にも、それは、その輪を大きくしながら広がっていって、ついには意識の最も遠い境界まで達するものである。

文章の書き方についてその女性に私が与えた助言は、感受性の強い心の中に落とされた考えであった。それは次第に広がっていって、ついに彼女は、自分はものが書けるということを見はじめたのである。彼女は書きはじめた。否定されたことも幾度かあったが、それでも書きつづけた。今では彼女の作品は、読書界では非常によく知られるようになっている。


あなたは絵を描くことに興味を持っているだろうか。もしあなたが絵を描くことが好きだったら、あなたは本当に絵が描けるのである。

ある重要な職についている会社の幹部は、子供たちが伝染病にかかったため、会社に出勤できなくて、家にいることを余儀なくされたことがあった。活動的な人にとっては、のらくらと遊び暮らすことは一番難しいことであるが、この人も例外ではなく、時間をつぶすことを何か見つけなければならなかった。

たまたま彼の息子が、少しの絵具と一、二本の絵筆がセットされている絵具箱をもらっていた。彼はこれまで一度も絵など描いたことはなかったのだが、いろいろな色を取りまぜて、キャンバスの上にいろいろな形を描くことを大変面白いものだと思ったのである。彼自身も驚いたことだが、自分には、傑作とは言えないが、どうにか納得できる絵を描けることを発見したのである。絵に関する彼の関心はにわかに高まった。そして、伝染病が彼の家からすっかりなくなってしまった後で、彼は絵具、絵筆、キャンバスなどが揃った一式を改めて買い揃えたのである。それからは、絵を描くことがこの人の余暇の作業となり、それが毎日の仕事の圧迫から解放される楽しい休息となった。絵を描くことは創造的な気分転換である。チャーチルとかアイゼンハワーといった、政治の偉人と言われる人の多くが、絵を描くことで日常の仕事から解放される楽しみを見出している。

あなたの手をなぜ使ってみないのか。キャンバスの上に描かれていくいろいろな形を見て、あなたはきっと楽しい驚きに心打たれるにちがいない。

旅の喜びの一つは、訪れた国の言葉を話せることである。それはまた、外国人と直接会話を交わすことができる喜びでもある。だから、新しく進むべき道しるべとして、新しい言葉を勉強することは、あなたに黄金に輝くチャンスを与えることになるだろう。そしてまた、母国語の他にいくつかの言葉を習ってはいけないという法律もないわけだ。私の友人には、四つ、五つ、六つの言語を自由に操れる人がたくさんいる。

ニューヨークで、友人が私を中華料理店に食事に連れていってくれたことがあったが、店員が注文を聞きにきた時、友人が中国語で注文するのを聞いてびっくりしたものだ。この人はいつか中国を訪れようと思っていたのだが、その時、自分で中国語をしゃべれたらずっと面白いだろうと思って、中国語を勉強したということだった。

ある銀行家は、木に図柄を象眼《ぞうがん》することに気分転換の妙を見出していた。彼の作品は、私がこれまで見たこともないような素晴らしいものであった。この人が私に語ってくれたところによると、彼のこの趣味は、人生に新しい喜びを与えただけでなく、銀行の仕事にも改めて興味を起こさせてくれる、ということであった。

成功の頂点に達した後で、狩猟とか探険といった男性的な活動に熱中する人も多い。何か一つのテーマを取り上げて、それについてあらゆることを知るべく、徹底的な研究に入っていく人もいる。

道しるべを見つけて、それに目じるしをつけよ

これまで私は、単に助言を与えるにとどまってきた。それはちょうど、客が自分で好きなものを選ぶであろうと思って、次から次へとネクタイを出して見せる店員のようなものであった。私は、ここまでですでにあなたの興味を呼び起こしていたかもしれない。あるいはまた、あなたの想像力に火をつけるにはまだまだのところにいるのかもしれない。しかし私は確信しているが、あなたは私の目的を理解しているはずである。一度あなたが登ろうと思った高所に達したならば、あなたは

そこに永遠にとどまっていようとは思わないはずだ。あなたは、自分の達成したことを評価し、楽しむのに充分な時間はそこにとどまっていても、進むべき新しい道しるべがなかったら、あなたはやがて自分が持っているものに飽き飽きしてしまうであろう。

「期待は実現されたものよりも大きいものである」と、ある大哲学者が言った言葉がある。あるいは人はこう問うかもしれない。「手に入れた後でそれを楽しむのでなければ、人はなぜそれを手に入れようと努力するのですか」と。

これに対する答えは、この本の最初の数行の中に見出されるであろう。成功は到着地ではなくて、旅であると。

この旅であなたは、道の曲がり角に来るたびに、目の前に展開する幸福と機会という新しい展望に胸をわくわくさせてきた。達成とは人生における最大の満足なのである。

人が魚を捕まえようと海に深く潜っていく時に、その人は大きな魚が船の上に死んで横たわった後で、最高の心のときめきを覚えるだろうか。もしあなたが漁師だったら、そうではないことを知っているはずだ。大魚との戦いに勝って徐々にそれを自分の船の近くに引き寄せてくる時の快感こそが最高なのである。

狩猟での最大のスリルは、あなたの足元に死んだ獲物を見る時に感じるものではない。それは、獲物との駆け引きに打ち勝つことによって、あなたの優位を証明した時に感じることである。

私が金持ちのデパート経営者と彼の成功に関して話し合った時の会話（第4章）を覚えているだろうか。私は彼に、人生における最大の喜びを感じたのはいつだとお考えになりますか、と聞いたのであった。彼はこう答えている。「それは、私がお金を手に入れた時ではなくて、はじめてお金をつくりはじめた時です」

あなたは大きな成功を収めることであろう。そのことを私は確信している。しかし、大きな収入と立派な家があなたの道のりの終わりと考えてはいけない。新しい生活のパターンに馴染んでしまった瞬間に、あなたはそれを当然のことと思うようになり、これから進むべき新しい道しるべを発見しない限り、人生に対するあなたの熱意は衰えてしまうであろう。

心の平和

心の平和は、あらゆる欲望の中心的要素である。しかし、誰もがこのことを知っているわけではない。あるいは、少なくとも私たちは、自分たちの欲望の最大の目的を明らかにするほどには、充分に考え抜いていないのである。

貧乏な人は金持ちになりたいと望むが、それは単にお金で買えるぜいたくがしたいだけでなく、その欲望の陰には、実は心の平和に対する熱望が（しばしば無意識的に）潜んでいるのである。心の平和は心の状態を言う。それは私たちが身につけるものではなくて、私たちが表現するものである。それは、私たちが獲得するものから生まれるのではなくて、私たちが持っているものをいかに用いるかにかかっているのである。それは、自分たちの考えや、自分たちがしていることに満足している時に到達する、あの状態である。

満足と心の平和とは区別しなければならない。私たちは第三のステーションにとどまっている間に、「楽しい不満」について学んだのであるが、今の私たちは生活の現状に満足すべきではない。というのは、現状に満足することは、向上を妨害することになるからである。「不満は発明の母である」とはしばしば言われることである。建設的な精神を持っている人は、何かに不満を感じると、それを改善する手段や方法を開発することを真剣に考えようとする。

あなたの考えを刺激する言葉を、古代ローマの哲人セネカの言葉から引用してみよう。それはこうだ。「年齢の重荷を負って、年を除けば生きている証拠が何もないような老人ほど恥ずべきものはない」

私が言いたいことはこういうことである。今やあなたは、自分のために設定した目標の達成を示す第一の高原に到達したのだが、そこで、もう着いたのだ、ここがそれなのだ、という気持ちで満足してしまってはいけないということである。なるほど、あなたは第一の高原には着いた。しかし、現在の環境が当たり前になる前に、あなたは、これから進むべき新しい道しるべに向かって、より高い高原へと進まなければならないのだ。

私が挙げたいくつかの例に示されているように、あなたとより高い高原の間にある目標は、物質的なものである必要はない。あなたを心理的、精神的に高揚させてくれる目標であれば、あなたの人生のこの段階では大きな意味があるのだ。

私は、物質的な目標の達成という第一の高原へ到達する途上にあったある女性に向かって、彼女の目標がすべて達成された後は何をしようとしていますか、と尋ねたことがある。彼女はこう答えた。

「私にあるだけの時間を、人々を幸福にするために使いたいと思っております」

私は、この女性は本当にそうするつもりだということを知っている。というのは、彼女は現在の限られた時間の中で多くのことをしているのだから。彼女は幸福を与える独自の方法、すなわち永続する幸福を与える方法を知っていた。わずかなお金を手渡して一時的な救済をする代わりに、その人が自分で自助努力ができるようになるよう、あらゆる手助けをするのである。仕事がよくないために収入の少ない人を見れば、もっと給料がよい仕事につけるような訓練を受ける手助けをしてあげる。夫を助けようと努力しているのだが、収入を得る方法がないという女性を見れば、その女性に収入のもととなる技術を身につけるのを手伝ってあげるのである。

調和の中に生きよ

あなたの大目標の一つに、家庭内の調和を保つことがあるはずであろう。ある有名な実業家は、重要な部署に従業員を転属させるにあたっては、その候補者の能力や誠実さと並んで、家庭生活も調査することにしていると言う。彼は、家庭に調和のない従業員は、家庭がうまくいっている従業員ほど仕事の能率がよくないことを熟知していたのだ。

心の平和について言えば、いつも口喧嘩をしたり、小言を言いあったり、反目したりしている家庭には、そのようなものは望めないことは容易に理解できるであろう。家庭の幸福は放っておいて生まれるものではない。あなたは、そのために計画を立てなければならないのだ。その代わり、その報酬は非常に大きいものがあるであろう。

ある人が、結婚生活がうまくいかないので、朝に家を出ていく時は大変嬉しいが、家に帰ってくるのが苦痛だ、と私に語ったことがある。このような家庭には、心の平和などはありえるはずがない。別の人は、自分は愛と調和に満ちた自分の家に帰るのが待ち遠しいと語ってくれる。この人が心の平和を持っていることは、言わずとも明らかであろう。

最後に、ヘンリー・ヴァン・ダイクの美しい文章から引用して、この章を結びたいと思う。

「心の平和。愛し、働き、遊び、そして星を仰ぐチャンスを与えてくれることを感謝して、人生を楽しみ、あなたの持っているもので満足するが、それを徹底的に生かすまでは決して自分に満足せず、虚偽と卑劣以外にはこの世で何物も軽蔑せず、そして卑怯者になること以外には何物も恐れず、人を嫌うことよりもほめることに意を用い、その人の心の優しさとマナーのよさを除いては、隣人が持っている何物もほしがらず、敵のことはあまり考えずに友のことを多く考える。このようなことが、平和に通じる小道に立っているささやかな道しるべである」

第18章 過去を見て現在を見て未来予想図を描く

過去を見る

「真の過去は決して死滅しない。人間によって考え出された真理や善は、決して死滅するものではないし、死滅することもできない。すべてはここにとどまっていて、それを認めるか否かにかかわらず、無限の変化の中に生き、かつ作用しているのである」。イギリスの随筆家トーマス・カーライルはこう言っている。その人が過去と現在と未来に対して持つ態度が、その人の成功と幸福に重要な役割を演じるのである。

この本全体を通して、私たちは、過去に確立された考え方を変え、そうすることで現在の行動が私たちの欲するような未来をもたらすという観点から、過去・現在・未来を取り扱ってきた。しかし私には、過去・現在・未来と、それが私たちの一人一人にどういう関わりあいを持つのかを特に考えてみることで、心の再教育とも呼ぶべきこの本の内容を充実させたほうがよいように思われる。まず最初に過去を考えてみよう。過去には二つのはっきりした面がある。物質的なものと記憶である。

あなたが住んでいる家にしろ、着ている衣服にしろ、乗っている車にしろ、冷蔵庫の中にある食料にしろ、あなたが持っている物質的な所有物は、すべて過去から生まれたものである。売るために広告されているものもすべて過去の産物である。実際問題としても、現在とか未来から何かを手に入れることは不可能なことである。今つくっているものでさえ、それがあなたの手に届く時にはすでに過去の産物となっているであろう。

多くの人々にとって、過去の記憶は当惑させるものであることが多い。不愉快な経験の記憶は自己憐憫の気持ちを起こさせるだろうし、楽しい経験の記憶は「古きよき日」の思いにすがりつく原因となるであろう。

ビジネスの世界で非常に成功していたある人が、一連の不幸な事件の連続によって、持っていたものを全部失ってしまった。生活費を稼ぐために、彼はセールスマンの仕事についた。この人の心には、過去の成功が染みついて離れなかったので、顧客に会って一分か二分もしないうちに、すぐ昔の思い出を語りだすのだった。自分が売っている商品のことを客に話す代わりに、自分が経営していた大会社のことを話すのに時間をかけてしまうのである。もちろんこの人はセールスマンとしては成功しなかった。ある場合には同情から注文をもらったが、それは決して彼の販売能力のおかげではなかった。

彼は癒しを求めて、そしてまた私から他の問題の解決策をもらえるかもしれないという希望を抱いて、私のところにやってきた。「あなたはまだ、最初に仕事を成功させた時の能力を持っているじゃありませんか。それに数年間の経験が加わっています」と、私は彼に話してあげた。「新しい事業を計画することです。そして、その事業がはじめられるだけの資金を集めるために、セールスの仕事を活用することです」。私は、再建することができた場合の大きな喜びと、一度はダウンしたかもしれないが、そのままノックアウトされなかったことを証明できたら、どんなに大きな満足が得られるかということを、彼に言い聞かせた。

この人が過去と現在に対する態度を変えた瞬間から、事態はうまくいきはじめた。今では彼は、自己憐憫の口実を与えていた以前の事業よりもずっと大きな事業を経営している。「私は今、これまでになかったくらい幸福です」と、彼の属しているクラブで食事をしている時、私に満足そうに言ってくれた。

次の言葉は、あなたの心にしっかりと刻みこんでおいていただきたい真理である。「あなたが過去に関して持っている記憶はみなよいものである」

あなたは、少しの間これに対して抵抗を感じるかもしれない。しかし、これから先を読んでいきながら考えるならば、あなたは私に快く同意するにちがいない。

成功は、あなたがしなければならないとわかっていることをすることによって、そして、してはいけないとわかっていることをしないことによってもたらされる。

過去についてのあなたの記憶は、将来繰り返さなければならないことと同様に、将来繰り返してはならないことについても、あなたの導きとなるはずである。

たとえ、それを経験した当時はよいものであっても悪いものであっても、あなたが経てきた経験を喜ぶことである。それはあなたが将来のために計画をつくる時に、非常に役立つはずである。

「どんなことでも、結局はそれが一番よいことなのだ」と、私は子供の頃によくそう言われたものである。しかしそれは、私には理解しかねた。というのは、それが間違っていることを示すいろんな証拠があったからである。今となって、この言葉を深く調べ考えてみて、それが真理であることがわかる。ただしそれは、あなたがそうなるようにしたうえでの話であるが……。

あなたが現在のようであるのは、生まれた時から今までにあなたが積んできたすべての経験からの贈り物である。過去の経験を取り除いてしまうならば、あなたは現在のようなあなたではなくなってしまうであろう。

非常に簡単な例としてケーキを挙げてみよう。ケーキがケーキであるのは、その中に入っているすべての成分のためである。もしその成分のいくつかが取り去られてしまえば、ケーキは別のものになってしまうであろう。

私たちが今終えた旅は、過去にはじまって過去に終わっている。それはあなたがこれまでに行った最も重要なステップとなるだろう。あなたは人生についての見方を、完全に変えてしまった。あなたはあらゆる疑惑の陰を振り払って、未来はあなたが自分でつくるものであり、あなたはそれを自分の思うようにつくるであろうことを理解してきた。（過去の経験である）この旅は、あなたの未来に対してきわめて重大な関係を持っているので、それはあなたがこれまでに経てきたすべての過去の経験の上にひときわ高くそびえ立っている。これに比べれば、他のあらゆる経験は些細なものとなってしまうであろう。これから先は、過去についてあなたが持っているすべての考えを、あなたの未来に関連する価値あるものとして評価することである。

現在の失敗のすべての理由は、過去に由来することを理解している人はごく少数である。ある人の過去は、幽霊や化け物の棲む大きな暗い部屋に見えるだろう。彼にとっては、過去は不運や悲しい経験の迷宮なのである。彼が過去を覗くことを恐れるのは、自分に絶えずつきまとっているこれらの魔物が、一度に自分に襲いかかってくるかもしれないと思うからである。

しかし、過去について新しい見方をしているあなたは、それを恐れる代わりに、現在の問題に関連する助けとなるものを得るために、過去を探求するであろう。あなたの部屋には幽霊もいなければ化け物もいない。というのは、あなたは、すべてのものがよく見えるように明かりをつけておくからである。

あなたが生きていることを喜ぼうではないか。あなたが現在あるようなあなたであって、新しい生活のパターンに適合するように自分自身を変えていくのに大きな楽しみを見出していることを喜ぼうではないか。

あなたは、この旅で訪れた幸福という第一のステーションのことを覚えているだろうか。そこでは、幸福というものが、私たちが手に入れようとしているものであるとの見地から論じられたのだが、あなたは現在では、過去全体をよいものとして受けとめなければ、完全な幸福というものは不可能だと理解できるはずである。だから、第一のステーションであなたがつくったリストにもう一度目を通して、それにあなたが今覚えたことを付け加えるのは大変よいことである。そうすればあなたは、完全な幸福のための公式を手に入れることになるであろう。

もし私が、経済学者が経済情勢のグラフをつくるように、私の人生のグラフをつくらなければならないとしたら、上がったり下がったりの線が、ちょうどのこぎりの歯のようにグラフの上に表されることになるであろう。そして今、私の過去と現在を比較するならば、失敗のほうが、以前の成功よりも私の現在の成功により多く役立っていたことがすぐ見つけ出せるはずである。

あなたもひとたび過去を純粋に、そこに含まれる事実について学んでいけるならば、このことはあなたにとって真実となるはずである。あなたは「どんなことでも、結局はそれが一番よいことなのだ」という言葉が、自分にもはっきりと適用されることを証明していくことであろう。

現在を見る

私たちは過去を見てきたのだから、今度は現在について調べてみよう。いったい現在はどのくらいの長さの時間からできているのだろうか。それは人が考えるよりもずっと短い時間である。現在について、言葉の絵を描くことができるかどうかやってみよう。テープレコーダーの、一方のリールからもう一方のリールへとゆっくりとテープが巻きとられている、大きなオープンリール式の装置を想像してほしい。二つのリールの中央には読み取り用のヘッドがあるとする。テープは右から左へと動いている。右のリールを「未来」と呼び、左のリールを「過去」と呼ぼう。驚いたことには、現在とは、そのテープが通りすぎていく下にあるヘッドの薄い金属の先にすぎないのである。

言葉を換えて言うと、現在とは、過去と未来の間の、時計では計れない想像上の分離線なのである。現在には時間がないのであるから、あなたが何かをしなければならない唯一の時とは、今をおいて他にないということが理解できるだろう。あなたは、昨日あることに着手することはできない。あなたは明日あることをしようと決心することはできるが、明日が今日となるまでは、それに着手することはできないのである。

現在を難しくしているのは、未来の恐怖に結びついた過去の問題であると言われるが、まことにそのとおりである。普通の人が受ける苦難の九〇%以上は、肉体的なものではなくて精神的なものであり、同時に不必要なものである、ということをあなたは知っているだろうか。このように言うことは信じがたいことだと思われるかもしれないので、いささかの説明が必要となろう。

私がこれから述べようとしている事実は、私が行った調査の結果であるが、その中で私は、人はなぜ現在あるような存在であるのか、そして彼らの状況を変えるためにはどんなことがなされなければならないかを解明しようとしたのである。私が述べたことを説明するために、いくつかの事例を見てみよう。

一人の若い男性が、絶望的な状況にあって私のところにやってきた。家賃が払えなくて立ち退きを迫られているのである。毎日の食べ物も、クレジットカードではどこの店も売ってくれなくなっている。妻は五か月後に子供が生まれることになっている。そして彼の収入はゼロであった。

私は、彼の困難は心理的なものであり不必要な苦しみなのだと言って、わざとこの男性の怒りをかき立てていくことにした。

「家主にそんなことを言えますか」と、かっとなって彼は怒鳴りたてた。

「君は今朝、朝食を食べたかね？」と、私は尋ねてみた。

「食べました。しかしそれが私の問題と、どういう関わりがあるのですか」

「君は今、気持ちよく感じているのではないのかね？」。私は、彼の顔の表情がますます当惑したようになっていくのを見て、思い切ってこう聞いてみた。

「そうです。しかし私にはあなたが何を言われるつもりなのか、ちっともわかりません」。彼は次第に声をうわずらせながら答えた。

「君はこの瞬間、気持ちよく感じていると答えたね。それは、君の精神的苦痛は、今起こっていることによって引き起こされているのではなくて、将来起こることへの恐怖から出ている証拠なのだよ」私は言葉の端々に気をつけながら、こう諭した。

彼は、私の言っていることが正しいことを認めはしたが、しかしこう付け加えた。

「私はこれから起こることを考えて苦しんでいるのですが、しかし悩むことをやめたからといって、家主に家賃が払えるわけじゃありません。いったい、私は何をしたらよいのですか」

「君の状態を楽にするために、君は何をしているかね？」。私はこう聞いてみた。

「私に何ができるのでしょうか。私はもう困り果てていて、職を探すとか、その他の役に立つようなことをする気力もありません」と言って、彼は嘆いた。

「もし、山が君の頭上に崩れ落ちてくる前に、君自身を立て直す時間が与えられていると仮定したら、君はどうするかね？」。私は親切な調子でこう続けた。

私が彼のために、何らかの一時逃れの策を考えてあげようとしているのだと思ったらしく、彼は顔をしかめて、真剣に何か考えているようだった。やがて彼は大変貴重な、まさに効果があると思われる計画を出してきた。

「では、君の家主のところに行って、君の計画を告げてごらん。家主に君の誠意を見せるのだよ。そうすれば、家主もきっと君に協力するはずだよ」。私は如才なくこう助言してあげた。

はじめはこの訪問者はそうすることをいやがっていたようだったが、二人で話し合っているうちに、彼はとにかくやってみる価値があるということに賛成した。

彼は家主のところに行ったのだが、驚いたことに、家主は彼の考えをほめ、ぜひそれを実行して成果を上げるようにとすすめてくれたのである。

この男の問題はひとまず解決した。そして、彼がはじめて私のところにやってきた時の心の状態は、不必要な苦しみであるという私の意見を、彼は証明したのであった。

夫が自分を捨てて離婚しようとしていることにすっかり取り乱して、ある女性が私のところにやってきたことがある。彼女はすっかり取り乱していたので、その考えもやっと聞き分けられるくらいであった。

私は彼女に、そのような現在の心理状態は不必要なものであることを話してあげた。私は、頬に平手打ちでも食らうのではないかと、ちょっとの間、覚悟したくらいであった。

しかしその後、彼女は沈黙していた。これは、彼女の心理状態が、過去に起こったことによって将来も起こるかもしれないと、完全に心を奪われてしまっている証拠だった。そこで「あなた方の状態を改善するために、どんなことをしていますか」と、私は聞いてみた。

　彼女はほとんど毎日、夫が出ていく日のことを考えて、みじめな思いで暮らしているだけだと告白した。

　私は彼女に、夫が気に入るような妻として、自分をつくり上げることに時間をかけるようすすめた。憂うつを絵に描いたようにしている代わりに、晴れやかに、生き生きと、愛想よくなるように自分を鍛えるべきだと言ったのである。

　はじめ彼女は、自分が夫に折れて、優しくすべきでない理由を並べ立てていた。しかし、話し合っているうちに、私の助言が解決策になることを理解してくれたのであった。

　私の助言は受け入れられ実行された。その結果は、この夫婦は今では至って幸福で、離婚をしようなどという考えはとっくにふっ飛んでしまっている、という結末であった。おわかりになったことと思うが、この女性が最初私のところにやってきた時に抱いていた心の状態は、不必要なものであったのである。

　もしあなたの心が何かで悩むことがあったら、ちょうど今、すなわち私たちが現在と呼んでいるきわめて短い時間帯におけるたった今のあなたの状態を考えることである。あなたはおそらく、その瞬間においては困るようなことは何も起こっていないこと、あなたの悩みは過去の状況と将来への恐怖の結合したもののせいであることを発見することであろう。

　若かった頃、私はこれまで働いていたところから、もう君は必要ないと言われたことがあった。そして、二週間の解雇予告期間を与えられた。

その晩、家に帰る途中、私の心は千々に乱れた。私の心の絵は黒一色であった。私には一セントの蓄えもなかった。いったいどうしたらよいのだろうか。家を追い立てられる様子や飢えている様子が心に浮かんだ。このようにして、これ以上はないというほどみじめな気分になった後で、私は自分の考えを、心の絵の積極的な側に転換した。

「給料がもらえなくなるまでにはまだ二週間ある」と、私は考えた。「出かけていって、もっとよい職を探そう」。私はそうした。そして、これまでの職よりももっと気に入った職を見つけた。おまけに、そこは給料もずっとよかったのである。

私はこの節を、次の考えを述べることで閉じたいと思う。

将来の計画を実行することに専念して、あなたの現在を幸福に過ごしなさい。

未来予想図を描く

これまでのところでは、この本全体は、あなたの未来に、そしてその未来を自分の力でつくり出すにはどうしたらよいか、ということに捧げられてきた。

あなたは、大と小と両方の目標について、そしてそれを達成する方法について学んできた。あなたは、新しい生活のパターンに基づいて立てられる、生活の新しい基準の確立に向かって一歩踏み出した。ここで述べられたいろいろな考えは、反復というよりは積み重ねられていくべきものであり、ただ単にあなたの心にそれを固定させることを意図したものでなく、あなたが持つ唯一の時、すなわち今すぐ行動に移すようにあなたを刺激することを意図したものである。

建設的な心は幸福な心である。あなたが目標に向かって前進している時は、あなたの心は幸福である。一日の終わりにあなたは、その日も充分なことをしたという気持ちで、休養と安息の時間を楽しむことができる。あなたは何の心配もなく平和に眠り、朝は、今日も建設的な活動をはじめるのだという意欲に燃えて目を覚ますであろう。

規則的かつ組織的にあなた自身を鍛えることである。より少ない努力で、いかに多くの仕事ができるかを知って、あなたはきっと驚くことであろう。

「私にはしなければならないことがあまりにも多いので、かえって何もできないのです」と、助けを求めにきたある男性が言ったことがある。この男性は、しなければならないいろいろなことを考えると、そのうちの一つのことに精神を集中することが難しくなるというのであった。

「いったい、どんなに多くの仕事をしなければならないんですか」と、私は同情して尋ねた。

「えっ、それはわかりません。数えたことがありませんから」と、彼は答えた。

私は彼に一枚の紙と鉛筆を手渡し、自分がしなければならない仕事を、全部そこに書き出すようにすすめた。リストが出来上がってみると、そこに書いてあるのはわずか数項目しかなかったので、彼はいくつか見落としているのではないかと思ったくらいであった。しかし、いくら考えてみても、彼のリストにはそれ以上付け加えることはできなかった。

後に聞いたことであるが、現在彼は、これまでにしたことがなかったくらいの仕事をやってのけ、しかもそれを楽しんでいるということである。

たいていの疲労は心理的なものである。私たちは、疲れると思うから疲れるのである。ある人が朝起きる。そして、その日のうちにしなければならないたくさんのことを考えると、必ずそうなるであろうと思う予感のために疲れてしまうのである。

多くの人は、まずやさしいことからやってしまおうとする。このような人は、次にしなければならない難しいことを考えると、今やっていることも決して楽しくはなくなるのである。このような人はすぐ疲れてしまう。それというのも、簡単な仕事をやってしまっても、次に控えている難しい仕事のことを考えることで、心理的にすでに疲れてしまっているからである。

これに反して、まず最初に難しいことから一日をはじめると、それははじめに思ったほど難しくはないことを発見するであろう。その理由は、自分の心も体もまだ新鮮な間にスタートするからである。それからまた、難しい仕事をしている間にも、彼の心は次にくるやさしい仕事のことを考えるが、やさしい仕事からはじめた時に彼が考えるのとは反対に、そのことを考えるのがむしろ楽しくさえなってくるのである。

「難しい仕事」という考えを持つのをやめることだ。「この仕事は難しくて骨が折れるだろう」という考えを持つ代わりに、それは楽しい仕事なのだ、そしてあなたはそれを素早く、さしたる努力もせずにやれる充分な能力がある、と考えることである。

この章で、私はやるという自覚、すなわち、あなたの決心したことを断固とした決意と行動で支援する心の状態をもたらすために書かれたこの本も終わりに近づいた。

この本には、実証されなかった、また実証されていない、そしてまた将来も繰り返し実証されないような原則は一つもないはずである。

あなたに対してなされた約束は途方もないことではあるが、そこには実現できないようなものは一つもない。あなたの未来は、彫刻家の手にある粘土のようなものである。あなたはそれを好きなようにどうにでも造形できるのである。

そしてあなたは、自分の未来を輝かしいものにするであろう。あなたが真剣でなかったなら、あなたはこれらの言葉を決して信じなかったであろう。というのは、もしそうでなければ、あなたはここまで読んでくるずっと前に、この本を閉じていたはずだからである。

今こそ第一歩を踏み出そう

あなたは、ただ今現在を除いては何事もすることができない、ということを学んだ。今こそ第一歩を踏み出そう。それはただ単に、あなたの大目標を書き出すこと、そしてそれを小目標に分割するだけのことである。

第一歩を踏み出したら、空いている時間を利用して、この本を隅から隅までもう一度読み返してほしい。赤鉛筆を手に持って、これはと思うところにしるしをつけよう。あなたに向けられていると思われる考えには全部下線を引いてもよい。こうすることによって、将来この本を再び開いた時はいつでも、鍵となる考えがあなたの目に飛びこんできて、あなたがしようとすることを思い出させてくれるはずである。

ここでもう一つ助言をするが、それはあなたにとっては奇妙に思えるかもしれない。普通の場合は、自分の計画については秘密にしておくように忠告され、またそのほうがよい場合もあるが、あなたの場合には、私はこれと違った助言をしようと思う。

あなたの将来について話すことである。家族があるならば、あなたの前方に見えていて、そしてやがてあなたのものになっていく新しい展望のことを、あなたの配偶者に話してあげよう。今日から彼らは、怠け者の夢のようにしか考えられなかったことが実現しはじめるのだ、という事実を強調するのである。

あなたの旅について話してみよう。あなたが訪れた素晴らしいステーションについて、そしてそれがあなたにとって何を意味するかについて話してあげるのである。

あなたの新しい友人に、強い熱意をこめて、あなたの新しい生活のパターンについて話してみよう。それは夢のような考えではなくて、自分の目標を現実のものとするのに必要なあらゆるものをあなたが持っているのだということを、そしてすでにそれに着手しているのだということを、彼らにはっきりと宣言するのである。

鏡を見る機会がある時はいつでも、あなたの顔に現れてきている新しい表情に注意しよう。そうすれば、あなたの成長をその目で確かめることができるはずである。

やがてあなたの友人たちは、何が起こったのかとあなたに問いはじめるだろう。あなたはこれまでよりもずっと立派に見え、より若くさえ見えるかもしれない。というのも、あなたの関心が建設的な考えのほうに変わっていったので、あなたは若くなってきているからである。

次に続くページ（第19～20章）には、具体的な目標を扱うための特別な公式が書かれている。将来の参考のために、それをいつも手近に置いておくことをおすすめする。これらの原則は、あなたのすることをより楽しくしてくれるであろう。

第19章 あなたに秘められた富を見つける方法

もしあなたが少しでも私に似た心を持っているのであれば、この章を歓迎するであろうし、それによって大きな利益を得ることであろう。

私は強い好奇心を持って生まれた。「どのようにして」と「なぜ」という言葉は、いつも私の考えの中で最上位にある。

私がはじめて自動車の運転を覚えたのは第一次世界大戦の頃であるが、その当時、ギアを変えるのはすべて車の底から突き出ている「ぐらぐらする棒」(クラッチ操作レバー)でなされていた。そのレバーをある場所に動かすことによってファースト・ギアが入り、別の場所に動かすとセカンド・ギアが入る……ということをただ知るだけでは満足できなかった。私はレバーを動かした時に何が起こるのかということを見てみたいと思った。私はトランスミッション・ボックス(動力伝達装置)のカバーを取り除いて、シフトレバーの動きでギアがどう切り換わるのかを、じっくりと見たもののである。

私が人間を深く調べはじめた時にも、ある人たちは富をつくり、それを蓄積する能力を持っているのに、ある人たちは、やることとなすことみな失敗ばかりする、ということを単に知るだけでは面白くなかったのである。私はそれらの理由が知りたかった。彼らはなぜ現在あるような彼らでいるのか、という理由を私は知りたかった。私は、人材ということについて、ろくでなしの怠け者から裕福な人に変わることができるのかどうか、あるいは人の精神とは骨格や背丈のように、固定しているものなのかどうかを知りたいと思ったのである。

この本で述べられていることはすべて、実証されたことのある、また実証されつつある、そしてまた繰り返し実証されるはずの原理に基づいている。私はあなたが好奇心の強いタイプであることを期待する。あなたがそうであるならば、本章はさまざまな疑念を振り払って、これらの原理は他の人たちに効果があるだけでなく、あなたにも大きな効果があることを確信させるはずである。

私はいつも、奇術師が手品で離れわざを実演するのを見るのが好きである。私は、かつて人間の理解力を超えたものとしか思えないようなトリックを見たことがあるが、後日知り合いになった奇術師が、そのトリックの種明かしをしてくれた。それは意外にも本当に単純なもので、中学生程度の子供でも、五分間も手ほどきを受ければやれるようなものであった。

これまでずっと失敗ばかり続けてきた人が、ここに処方が書かれている精神的な養生法に従うことによって、素晴らしい成功者に変わるとすれば、それはいささか信じがたいことと思われるかもしれない。しかし、どのようにして、そしてなぜそうなるのか、ということを理解するならば、あなたの精神のパターンは大きな変化をとげ、あなたはいかなる形の奇術を行っているのでもなく、自然の心の法則を用いているのだということがはっきりするであろう。

催眠法と自己催眠

精神とその作用について、さらによく理解を深めるために、催眠法と自己催眠について簡単に述べてみようと思う。

二〇世紀初期には、催眠術（法）について語ることは賢明なことではなかった。その当時、世論は二つに分かれていた。ある人たちはそれが魔術と同類のものだと信じていたし、その他の人々はそれを恐れていた。

あなたが自覚しているかいないかに関係なく、誰もが毎日、催眠法と自己催眠の影響を受けて暮らしているのである。

辞典では、催眠状態について次のように定義づけている。「普通の睡眠に似ている状態であるが、それが催眠をかける人の暗示と操作によってもたらされるところが違っている。催眠をかける人とかけられる人とは心のつながりがあって、かけられる人は、かける人の暗示に反応する」。この定義の正確さに注意していただきたい。そこでは、いかなる意味においても、催眠法の起源についての言及はない。

催眠法とは、意識は眠ることができるが、潜在意識は二四時間目覚めているという事実に基づいている。催眠法を行う療術者は、眠りを誘発させ、それから（眠っていない）潜在意識に働きかけるのである。潜在意識は、催眠状態にある時には、受け入れたいと思うすべての暗示を受け入れる。人は本人の原則とか信念に反する暗示は決して受け入れないが、欲望に合致する暗示は受け入れるのである。

事例によって説明しよう。私はある時、非常に内気で、一度に三人の人に話をすると、ものが言えなくなる青年に催眠療法を行ったことがある。彼を催眠状態にした後で、私は、あなたは立派な雄弁家であると暗示をかけた。彼が大勢の聴衆に囲まれた演壇に立っていること、講演をする準備はすっかりできていることを彼に示した。そして、私はあるテーマを彼に示した。するとその青年はすっくと立って、数分間、申し分のない態度で、よく選ばれた言葉で、そして健全な論理で、誰もが聞きたくなるようなスピーチをしたのである。これがあの内気な青年が行ったことであった。

内気な人は誰でも、他の人の前で恐れたりためらったりしないで話すことができたら、と望んでいるものである。だから、そのような人に君は立派な雄弁家なのだと暗示すれば、それはためらわずに受け入れられることになるのである。

次に述べるのは、あまり理解されていない事実である。それは、自己暗示とか自己催眠と呼ばれるもので、ある人が他の人を催眠誘導する他者催眠に対して、その被催眠者本人が自分自身に催眠をかける自己催眠が催眠法の本質だということである。

例を挙げると次のようなことである。催眠を誘導する療術者は、催眠を受ける人の前に立ち、以下のような暗示を与える。「眠くなってきた。まぶたが重くなってきた。視力がぼんやりしてきた……」。やがて催眠を受けている人の目がまばたきし、間もなく頭を垂れ、そして眠りの世界に入ってしまう。催眠状態にある間は、その人は誘導する人の声以外には、何物にも反応しない。だから、誘導する人が「君は眠くなってきた」と言っている間に、その人は「私は眠くなってきている。私のまぶたは重くなってきている」と自己誘導しているのである。

暗示の影響を受けるにあたっては、必ずしも催眠にかかる必要はない。もし私があなたに、「君が今食べたリンゴには虫がいたよ」と言ったとしたら、私が嘘をついたにもかかわらず、あなたはおそらく気分が悪くなってくるだろう。それは、あなたが本当だと信じた自己暗示によって、気分が悪くなったからである。

ある会社で、三人の若い社員が、一人の女性社員に心理的な実験をしてみようと相談した。その女性社員が朝出社した時に、三人のうちの一人が彼女に近づいて、「病気じゃないんですか。顔色がとても悪いですよ」と言ったのである。「とても元気ですよ」と、彼女は言下に答えたが、その言葉は彼女の心に植えつけられて残った。しばらくすると、もう一人の社員が彼女を見て同じことを言った。この時には、その女性社員の気分はいささか病的なほうに傾きかけてきた。三人目の社員も、彼女の顔色について意見を述べた。するとお昼頃には、その女性社員は非常に気分が悪くなって、家に帰らなければならないことになってしまった。彼女は、本当だと信じた自己暗示を受け入れていたのである。午後になって、この若い社員たちは悪かったと思って、彼女に電話して、今までのは全部悪ふざけだったと謝罪した。彼女はすぐ気分がよくなって、会社に戻ってきたのである。

もしあなたが新しい職につき、あなたが信用している人から、その新しい職についても何もよいことはないよと言われたとしたら、あなたはおそらく失敗するにちがいない。あなたは暗示の法則の影響を受けたのである。

ジョン・シンドラー博士は、すべての病気の七〇%は心から起こる病気であると指摘している。このことは、一〇のうちの七つの病気は心にその起源を持っていることを意味している。もしこの割合で多数の人々が心のせいで病気になるのだったら、肉体的病気の大半が、考え方を変えることによって治すことができると結論しても差し支えないであろう。

かつてニューヨークで、にわかにある医者が素晴らしい治療をするという評判をとったことがあった。彼は独自の処方薬を調合していたのであった。ある時私は、一人の若い女性をこの医者のところへ連れていって、非常に苦しんでいた体の症状を診てもらったことがある。

その医者は、たいていの医者がやるように、脈を計り、胸に聴診器を当てるなどのことをした。それから、いろいろな質問をした後で、薬を調合するために調合室に引っこんでいった。たまたま私の椅子が置かれたところから、その調合室を覗き見ることができた。そして私は、彼が棚から一個の箱を取り出し、その中から小さな白い錠剤をすくい上げて二つの瓶に詰めるのを見たのである。彼はそれらの瓶に第一、第二と書かれたラベルを貼りつけた。もちろん、この二つの薬瓶は同じ箱から詰められたものであった。

彼はそれからこの薬瓶を患者に渡して、いつ、そしてどのようにそれを飲んだらよいかという詳しい指示を与えたのである。その指示によると、第一の薬は毎食前に、第二の薬は夜寝る前に飲まなければならなかった。この白い錠剤とは、その後の私の調べでは、それは単に砂糖を固めたものにすぎなかったのだが、患者に非常によく効いたのである。しかし、役立ったのは砂糖ではなかっばならない。そしてまた、それが効くだろうという信頼が、そういう結果をもたらしたのである。言葉を換えて言うならば、患者たちは催眠の原理、すなわち暗示の法則によって救われていたのである。

催眠法による暗示の力がどんなものかを示すならば、私は歯の治療を受けている患者が、催眠状態のもとで、少しの苦痛も感じないで歯を抜いてもらうのを見たことがある。外科の小手術も、患者が催眠状態下にある間に行われた臨床例はたくさんある。

催眠状態にある被催眠者に与えられた暗示が、ずっと後になって現れることもある。例を挙げるならば、催眠療法者が催眠状態にある少年に、「君は毎朝早く目が覚め、朝の食事までには充分な時間があり、そして学校に遅れないように素早く身支度をするだろう」と言ったとしよう。あるいは少年に、「君は数学が好きになるよ」と言ったとしよう。その結果、少年はその科目に興味を持ち、学校でよい成績をとるようになるのである。こういったことが、後まで続く催眠上の暗示効果である。

自己催眠というのは、その名称が示しているように、その人が意識的に自分にかける催眠の状態である。自己催眠の原理によって、自分の状態や自分の仕事に一定の影響を及ぼすことができると誇示している人もいる。

私たちのすべては、よくも悪くも暗示の力によって絶えず影響を受けているのである。人によっては、この現象を他者催眠と結びつけている人もいるが、私はむしろ自己暗示の力と考えたい。私たちの考えの自然の流れの中にはたくさんの、人から誘導されたのではない自発的な暗示があって、それがその性格に従ってよいほうにも悪いほうにも反応するのである。人から誘導されたのでない暗示は、自己暗示と言ってもよい。それは私たちが、特定の反応は意識的自己暗示の結果である、と言っているものである。

この本では、私は意識的自己暗示の活用をすすめることに特に意を尽くそうとしている。というのは、それが自己改善と幸福に関係しているからである。あなたもそれが自己を克服し、自分を律していく手段となることがわかるであろう。克己とは人間らしい行為のあり方である。それは、「怒りを遅くする者は勇士にまさり、自分の心を治める者は城を攻め取る者にまさる」と聖書にも述べられているとおりである。

どうか誤解しないでいただきたい。私が、意識的自己暗示の原理を用いると言う時には、それは決して、単に自分自身を「ごまかす」のだと言っているのではない。私たちは健全な心理学上の原理を用いるのである。しかし、あなたが、なぜ自分が現在あるような自分でいるのかを完全に理解する時には、自分自身を望むように変えることが、どんなに簡単なことかということも理解するであろう。

あなたは、自分がそうだと考えるとおりのものである。今日のあなたは、子供の頃からあなたの心の中に確立されたすべての考え方の合成物なのである。この本の最初のほうで述べたように、もしあなたが臆病なら、それはあなたが子供の時に、自分は臆病なのだという考えを受け入れているせいである。そしてあなたは、自分は臆病な人間だという考えを抱いている限り、いつまでも臆病からは抜け切れないであろう。

痛みとか苦しみを絶えず訴えている人は、ほとんどの場合、幼い時にその人の心の中に植えつけられた状態を反映しているのである。こういう人は、生涯を通じて体の調子がよくない、難しい仕事には耐えられない、などといった考えにしがみついているのである。それを意識しているか否かにかかわらず、人がこのような考えを抱きつづけている時には、その人は自己暗示の原理を用いているのである。

疲労も、自己暗示によって促進されることがしばしばある。しなければならないたくさんの仕事、特にするのが好きでないような仕事がある時には、必要以上に早く疲労を覚える。というのは、その人は疲れることを予期しているからである。

「眠れないことがわかっているから、ベッドには入りたくないんだ」。このような言葉ほど自己暗示に密接している言葉はない。このような暗示によって、その人は、自分が目を覚ましているように、自分の潜在意識を文字どおり訓練しているのである。

コーヒーは、特に濃いものでない限り、それを飲んだ約二時間後にはその刺激効果を失うものである。ところが多くの人は、眠れなくなるからというわけで、夕食の時にコーヒーを飲むのをためらっている。予期されたとおり、彼らは眠れないでいるのであるが、彼らの目を覚まさせているのはコーヒーのせいではない。コーヒーを飲んだ時に自分にかけた暗示のせいなのである。

あなたはこれまでに、朝の決まった時間に目を覚ますような指示を自分に与えたことがないだろうか。そして、指示どおりに目を覚ませるにちがいない。それが意識的自己暗示なのである。

あなたは、悪い思い出は、多くの場合、あなたが自分に与える暗示のせいであるということを知っているだろうか。あなたが「私には悪い思い出がある」と言うたびに、あなたはそれをわざわざ現実的なものにしているのである。

　何かを思い出したいと思った時には、積極的な暗示を自分に与えることである。こう言うのだ。「そのことはすぐに思い出せるだろう」と。そうすれば、言ったとおりになるはずだ。

　もしあなたが、自分には悪い思い出があるという考えを持ちつづけることによって、悪い思い出をつくり出しているのだったら、自分に向かってこう言い聞かせることだ。「私にはよい思い出がある」と。これを何回も何回も言っていると、やがてあなたの心にはよい思い出のパターンが確立されることになる。そしてそれは、意識的自己暗示の原理によって発展していくことになる。以前の章（第16章）で私は、毎月曜日の朝に会って、「私は偉大なセールスマンだ」という言葉を言わせてから、その日の仕事をはじめさせたセールスマンのグループについて話した。彼らはその販売技術を大いに向上させたが、これにも意識的自己暗示の原理が用いられているのである。

　しばらく前のことであるが、ある大衆雑誌が、花粉症の患者に試みられた実験の記事を載せたことがある。造花を活けた花瓶が患者の部屋に置かれた。それは花粉症を悪化させる種類の花だった。すると、患者の目からは涙が流れはじめ、鼻水が出はじめた。自己暗示によって、この人は、花粉症の悪い効果をまともに受けはじめたのである。

　大手術の後で病院に入院していたある女性は、医者に催眠剤を投与してもらわないと眠りにつくことができなかった。医者は、これをあまり長く続けていると、そのうちに彼女は薬がないとどうにもできなくなることを恐れた。そこで医者は薬を与えることをやめようとしたのだが、彼女は、それがないと痛みのために眠れないと訴えて、どうしても投薬を続けてもらいたいと言って聞かない。医者は温水を注射針に入れて注射してやった。間もなく彼女は安らかな眠りに落ちていった。この女性はそれとは知らなかったが、その眠りは自己暗示によってもたらされたものであったのである。

歯医者の椅子で経験する痛みの多くは、自己暗示の原理によって自分で引き起こしたものである。どんなに痛かろうと思って、何時間も、時には何日も歯医者に行きかねている人がいる。注射針が歯茎に刺されると、身をよじってうめき声をあげる。しかしその痛みは、患者が表現しているよりも、実際はずっと軽いものなのである。

船酔いには多くの場合、生理学上の理由があるのだが、たいていの人は、船酔いになることを予期するからこそ船酔いになるというのもまた真理である。言葉を換えて言うならば、航海をはじめる時、彼らはすでに自分は船酔いになるということを知っているのである。

私はこの章で、催眠、暗示、自己暗示について語ってきたが、それは、この本に書かれているいろいろな原則のすべてが、なぜ効果があるのかをあなたに理解してもらうためである。自己改善に関しては、もはや何の秘密もないはずである。あなたが与えられた暗示に従うのは、それが効くはずだということを知っているからである。そしてあなたは、なぜそれが効くかも知っている。

私は、あなたに暗示の力を理解してもらいたいと思う。私はあなたに、他の人に話すすべての考えに気をつけてもらいたいと思う。そして、あなたが自分自身に適用するすべての考えにも気をつけてもらいたいと思う。

「情愛とは家庭からはじまる」ということは自明の理である。このことから、積極的暗示の活用を実行しはじめる場所は、家庭であると言うこともできよう。あなたの子供たちには特に気をつけることだ。今日あなたが言った無思慮な言葉が、その子供の生涯を通じて影響することもありうるからだ。

「子供が悪い」とは決して言ってはならない。暗示によって、あなたは、子供の潜在意識に「悪い子」だという種子を植えつけていることになるからである。もし子供に注意を与えようと思ったら、悪いと言う代わりに、たとえば「よい子なのだから、そんなことをしてはいけませんよ」ぐらいに言えれば、その子を悪い子にではなく、よい子に見ていることが理解されるであろう。

夫や妻も、容姿や年齢に関してお互いに話す時には、非常に注意深くなければならない。「あなたは年よりは老けて見えますよ」とか、それに類したことを言うことは、ことさらに年齢を意識させ、それがひいては、相手の老齢化を促進する方向に導いていくことにもなりかねない。私は妻と話す時には、若いという言葉以外には決して年齢のことは言わないことにしている。

一方、私は自分の年齢を自慢するのが好きである。自分はもう七〇歳を過ぎており、聖書によればすでに天寿を全うしているのだと告げた時、他の人の顔に浮かぶ表情を見るのが楽しみなのである。暦の上の年齢がどうであれ、私はまだ年をとってはいない。私が年をとっていないのは、年齢のことを気にすることを決して自分に許さないからである。私の頭は鋭くて機敏だ。歩き方もしゃんとしている。体の器官にはどこも異常がない。私は決して自慢をしているのではない。ただあなたに、若さと健康についてだけ考えるように自分自身を鍛練し自己暗示すれば、どういうことが起こりうるかということを告げようとしているだけである。

最後の章では、具体的な目標のための特別な公式を述べることになっている。そこでは、あなたにすすめる「信念の言葉」がいろいろなケースについて扱われているが、一語一語それに従わなければならないと考えなくてもよい。それらはむしろモデルとして考えるべきである。あなたは自分自身に向く「信念の言葉」をつくり出す方法をすぐ覚えるであろう。

私はあらゆる目標をあなたに示してきたわけではない。あるいは、あなたの目標には全然触れていなかったかもしれないが、これまでに述べたところを研究するならば、あなたの具体的な目標に合った信念の言葉をつくり出すことができるであろう。

あなたの信念の言葉を書くにあたって、あなたに与えなければならない注意点がある。それは、心理学者が「逆の否定語」と呼んでいるものを用いないことである。積極的な考えも、その効果において消極的なものになる場合があるのである。たとえば、私が「あのランプのことは考えるな」と言ったとしよう。私は繰り返し繰り返しあなたに、あのランプからあなたの心を完全に離してしまうように警告するのだが、あなたにもわかっているように、私がそう言えば言うほど、他のことを考えようと思っても、あなたはますますランプのことを考えるようになるのであろう。私がランプに注意を向けるようにしてしまっているからである。しかし、もし私がその後で、椅子について何かを言ったとしたら、あなたの心はランプから引き離されるであろう。

であるから、心にとどめておくべき方式は次のことである。なくしたいと努めていることに対してではなく、あなたがそうしたいと思う状態に対して精神を集中せよ。

　あなたは前の章で、私たちの生活は習慣からつくられていると教えられたはずだ。新しい生活の習慣をつくりはじめることである。今、この時から、あなたの考えは積極的で建設的なものにならなければならない。最初あなたは何回もつまずくかもしれないが、決して意気消沈してはならない。消極的に考えることはごく自然なことなので、あなたは何回も消極的な考えにとらわれることだろう。あなたのその弱々しい消極的な考えに気がつくことがあれば、それはあなたが改善されつつあるという一つの証拠なのである。そして、消極的に考えている自分自身を発見するたびに、あなたは自分の考え方の変化をますます自覚するようになるであろう。

第20章

具体的な目標のための特別な公式

これから残されたページで、いろいろな目標について示唆された「信念の言葉」について説明することにする。それらは順不同に並べられているが、これは別にその重要さの順に従ったものではない。

ある目標を実現しようとしている場合には、信念の言葉を、小さなカードに書き写して持ち歩くとよい。何度も繰り返してそれを読み返すのである。まず朝からはじめて、日中もそれを思い出した時はいつでも、そして寝る前に数回繰り返して読むようにする。ただ機械的に読み返すのではなく、それが必ず実現することを知って、潜在意識に叩きこむようにして繰り返して読むのである。

もしあなたに忠実な部下がいて、あなたのために彼に何かしてもらいたいと思っているのなら、あなたは必要な指示を正確に与えるであろう。そしてあなたは、彼がそれを正確に実行することを、疑う余地なく知っているであろう。この章で述べる信念の言葉は、あなたが持っている最も忠実な部下に与えられるものである。つまり、あなたの潜在意識は、もしそれが正しく与えられるならば、必ずあなたの指示に従うのである。

時にはあなたは、以下のページに書かれているものとは違う目標を持つかもしれない。そのような場合には、これらの中のどれか一つを取り出して、あなたの状況に合うようにその一部を変更するか、まったく新しいものをつくり出すことである。もちろんこの場合にも、それが、あなたが克服しようとしているものにではなく、あなたがそうなりたいと思っている状態に当てはまるように、注意して書くことである。

あなたのためにこの本を書く準備をする際にも、私はこの章ですすめていることを実行した。私は潜在意識に、私の能力の範囲で最も力強いセルフヘルプの本が書けるように、私を導くことを命じたのである。私はこの本を読み返してみて、私の指示が実行されていることを感じている。

自動車を買う

あなたはもうかなり古くなった自動車を運転していて、もっと高性能な新車と買い換える時期が来ていると思ったとしよう。現在のところ、あなたの経済状態は、販売店のショールームに無造作に入っていって、スーパーで缶詰を買い物かごに放りこむように、気安く自動車が買えるほどにはなっていない。

まず、あなたがほしいと思う車を決めることだ。販売店が並んでいる通りに出かけていって、よく見てみよう。物ほしそうな顔で中を見てはいけない。というのは、物ほしそうな態度というのは、疑いを表しているからだ。あなたは、自分が手に入れることができるとわかっているものを、物ほしそうには見ないはずである。

選定が終わったら、今度はあなたの忠実な潜在意識に仕事をしてもらう番だ。早朝から夜眠りにつくまで、あなたの心に次のような考えを植えつけるのである。「私は、考えにおいても行動においても、私が選んだ車を、何の経済的圧迫もなしに手に入れることができるように導かれている」

あなたの考えは流動しはじめる。どうしたらその車を手に入れることができるか、というアイディアが浮かんでくる。そして、あなたの重荷にならずに支払いを済ませるだけのお金が手に入る道が開けてくることになるのである。

自分自身の事業を持つ

多くの人たちは、いつかは自分の事業を持ちたいと望んでいるものだ。あなたもたぶんそのとおりだろうと思う。もしこの素晴らしい旅の間にあなたが決心したことが、あなたの名前を冠した事業の社長になることだとしたら、次の信念の言葉が、目標を達成することは疑いのないことであるとあなたの潜在意識に言い聞かせることになるはずである。

覚えておいてもらいたいことがある。この信念の言葉も、それから他の信念の言葉でも、奇術師が帽子の中からウサギを取り出すように、あなたの目標をひとりでに実現させるものではない。あなたの目標を実現させるためには、多くのステップを踏まなければならないのである。

これらの言葉は、何ら疑い悩むこともなく、幸福で熱意に満ちた心でもって、あなたの目標に断固として前進するように、あなたの考えを導くものである。次に述べる、あなたの潜在意識に対する助言は、原則的なものである。あなたの具体的な目標に適合するような考えを、これに付け加えればよい。

「私は、考えにおいても行動においても、私自身の事業を創設するほうに向かって導かれている。私には自分の事業を管理する能力が充分ある。私の動機は利己的ではないのだから、私は必ず成功するであろう。私の成功は、他の人のためにもっと多くのことをしてあげることも可能にしてくれるであろう」

健康になる

まず最初に特に力をこめて言っておかなければならないが、あなたは、自分自身の医者になろうとしてはいけない（健康であれ）、ということである。誰であれ定期検診をし、もし病気であることがわかったら、人の生命を助けることに生涯を捧げる人、すなわち医者にその処置を任せるべきである。しかし現状では、精神状態に影響される病気、すなわち心によって起こる病気が非常に多いのである。

幸福で積極的に考える心を持つことは、健康にとっては非常によい。親たちは、子供たちを病気にさせないために、病気を恐れる心のパターンを子供たちの心に植えつけてしまうことが多すぎる。その結果、子供たちは、たくましい健康よりも病気に常に注意を払いながら成人してしまうのである。

心の中に健康のイメージをつくり上げることである。いろいろと体調について思い悩まないで、常に健康を楽しんでいる自分を考えるようにすることである。あなたの心に健康のパターンを確立させるためには、次のような考えを持ちつづけることである。

「私が健康と強さと生命力に導かれているおかげで、私の健康は常によいほうに向かっている。自然界は、素晴らしく健康な体を私に与えることで、私を手助けしてくれているのだ」

集中力を高める

「気の散る人」と言われるとたいていの人は怒るだろうが、それにもかかわらず、たいていの人はある程度は気の散る人なのである。しかし、気にかける必要はない。これは何も、その人が頭や気が変になっているという証拠ではないのだから。

精神集中力が欠けているのは、単にその人が悪い心の習慣をつくり上げているのを示しているだけのことである。あらゆる種類の無関係な考えが心に入ってくるのに任せているから、思いのままに精神を集中する状況がなくなっているのである。しかし、適当な運動によって筋肉を強化することができるように、適当な精神の訓練を続けることによって、集中力を身につけることはできるのである。

集中力については、この本のはじめのほうで述べている。もしあなたが集中力を身につけたいと熱心に望んでいるのだったら、自分は精神を集中することはできないのだと考えないで、次のような助言に従って、新しい考えのパターンをつくり上げることである。

「私は偉大な精神集中力に恵まれている。私はそれが解決されるまで一つのことに考えを集中することができる」

家庭の調和を保つ

家庭生活が幸福でなければ、その人はどこへ行っても幸福にはなれないだろう。

家庭の不和は、往々にして退屈からもたらされることがある。夫も妻も新鮮な興味を失ってしまって、そうとは思っていないかもしれないが、(潜在意識では) 口論したり、口やかましく言ったり、怒鳴ったり、喧嘩したりして退屈をまぎらせているのである。だから、道が前のほうに上のほうにと進んでおり、両者が建設的な考えに打ちこんでいる時には、家庭の不和はめったに起こらないのである。

夫と妻は相手の欠点をお互いに非難すべきではない。責めるなら自分自身を責めることである。自分にいつもこう問うてみるのである。「この結婚を素晴らしいものとするためには、私は何をすることができるだろうか」と。もし妻と夫の両者が、その報酬を求める気持ちからではなく、相手を幸福にするために最善を尽くしその命を捧げられるようであれば、幸福がもたらされることは目に見えている。

もし私が、あなたの家庭を本当に幸福にする方法を教えていないようであれば、私のあなたに対する責任はまだ果たされていないことになる。家庭を不幸にして事業とか仕事に成功したとしても、それは不均衡な生活をあなたにもたらすだけである。

幸福な家庭を築く第一歩は、あなたの心に次のような考えを植えつけることからはじまる。

「私は伴侶に、私の愛を余すところなく捧げるように導かれている。私は、家庭の幸福をもたらすことなら、いついかなる時でも喜んでそれをするであろう」

習慣を克服する

あなた自身を、肉体を持った精神であると考えることである。精神を持った肉体と考えてはいけない。

あなたの肉体は、単に精神に仕えるものであることを完全に理解するならば、あなたはもはや肉体があなたに向かって、何をすべきだ、何をしてはいけない、と命令するようなことを決して許してはおかないだろう。

もしあなたが、自身にとってあまりにも高価、それは単に費用の点から高価だというだけでなく、あなたの肉体に与える損傷の点からも高価だとわかっている習慣を持っているようであれば、克己心によってそのような習慣はたやすく克服できるのだと知ることである。

自分は習慣の奴隷で、そこから抜け出すことはできないのだという考えを持つ代わりに、次のような考えの上に立つことである。

「私は、自分の好みや欲望を完全に制御することができる。私は、自分の幸福を促進することをし、どんな意味においても私の健康や経済状態に悪影響を及ぼすようなことはしない」

幸福になる

幸福というものは自分の内部から生まれるものであるから、それは私たちすべての手に届くところにあるのだと知ったら、幸福に憧れている人は大いに意を強くすることであろう。幸福は外部にあるものではない。私たちの幸福は人とか物についてまわるものではなくて、人や物に対する私たちの態度についてまわるものなのである。

私たちがすでに訪問した第一のステーションは、幸福と名づけられていた。そのステーションであなたは、幸福であるためには、自分の内に持っている幸福を表現する必要があることを学んだはずである。

あなたが幸福についての心のパターンを打ち立てるのを助けるために、私は、次の信念の言葉をあなたの意識にいつでもとどめておくようすすめたい。

「私は幸福だ。私は、健康だから幸福だ。私は、私の人生の航路が上のほうに、前のほうにと進んでいっているから幸福だ。私は、状況に支配されないで状況を支配する能力があるから幸福だ。私は幸福だ」

自分の家を持つ

住むべき土地を手に入れて、そこに住み心地のよい家を建てるのは、ほとんどすべての人の目標である。あなたの生活水準が上昇するにつれて、新しいモダンな家が、きっとあなたの目標リストの上位に置かれることであろう。

あなたがそうするように希望するや否や、こういったことを現実とすることができるのである。あなたが目標を実現させる方向に最初の一歩を踏み出した瞬間、自然の力をあなたのために働かせはじめたのであり、事態は進行しはじめたのである。

目標を明確にすることについて、あなたがすでに学んだことを思い出していただきたい。単に新しい家を目標として持つのではなく、それがどのような種類の家なのか、そしてどこにその家を建てるのかまで、はっきりと決めることである。そして「新しい家」を常に意識していなければならない。やがて、あなたは夢の家に移り住むのは当たり前のことだと思うようになるであろう。

そのような「新しい家」の意識を身につけているためには、次のような考えが常に念頭から離れないようにしておくことだ。

「私は、考えにおいても行動においても、新しい家を手に入れる方向に導かれている。私は、自分がほしいと思う条件をきっちり備えた家を必ず手に入れるはずだ」

よりよい仕事を得る

ラッセル・コンウェル博士の傑作『Acres of Diamonds（山のようなダイヤモンド）』の中で、彼は、多くの人がすでに持っているものを探しまわっていることを指摘している。職についている人の多くも、彼らの足元にチャンスが転がっていることを知らないで、どこかによりよい仕事はないかと探しまわっているからである。

創造的精神を持っている人は、自身の創作の仕事を、もっと愉快で、ためになり、よりよいものにすることができる。そうするには、他の仕事探す前に、どんな昇進の機会も見逃していないことを確信するために、あなたの現在の仕事を徹底的に評価してみることである。

あなたの仕事を研究することによって、それをよりよく、より早く、より経済的に扱いこなす方法が発見できることもある。そして、覚えておいてもらいたいことは、あなたが雇い主のためにより役立つようになればなるほど、雇い主のほうでもあなたをより幸福にするためにより多くのことをする、ということである。

それが現在の会社における昇進によってであれ、他の会社に移ることによってであれ、よりよい職を探す過程において、あなたの心には「よりよい仕事」の意識が確立されることになるであろう。

次の自己暗示を、何回も何回も繰り返すならば、あなたに大いに役立つはずである。

「私が今勤めている会社で目覚ましい昇進ができるように、あるいは私の価値にふさわしい給料を払ってくれる雇い主を見つけて、そこで立派な仕事ができるように、私は考えも行動も必要とされるあらゆることをするように導かれている」

問題とその克服法

難問も、正しい心がまえを持っている人にとっては、全然問題ではなくなる。そのような人は問題の解決策をたやすく見つけることができるので、問題が出てくることが楽しみでさえあるようになっている。もしあなたがトランプをしていて、悪いカードをつかんだとしても、自分には運がないのだと思って、がっかりしたりなどしないであろう。あなたはきっと、その悪いカードを挑戦だと考えて、そのカードでも勝てるように、あらゆる知恵を絞ることであろう。そして、このような悪いカードで勝った場合には、その満足は、よいカードで勝った時よりもはるかに大きいものである。

あなたの問題をうまく解決するためには、次のような信念の言葉を繰り返すことである。

「私自身も世界も平安である。私は知性と力の源泉に触れているのだから、私が直面している問題も決して私の邪魔にはならないはずである。私は、正しい時に正しいことをするように導かれている」

スピーチを楽しむ

スピーチという言葉は、たいていの人にはぞっとさせるものであるようだ。それは、演壇の上に立って膝をがくがくさせ、聴衆は笑っているのに、自分は一言もしゃべれない、といった心の絵を連想させる。そして、あなたがこのような心の絵を長く持ちつづければつづけるほど、演壇に立って話をするのが難しくなるものである。

もしあなたが、聴衆の知性というものはたった一人の人の知性よりも決して大きくはないものだということ、そしてまた、たった一人の人に対してだったらあなたも話すのをためらったりすることがないことを理解するならば、大勢の前で話すことは全然難しくはないはずである。事実、あなたはすぐスピーチを楽しむようになるはずである。

もしあなたがスピーチをしなければならないようなことになったら（新しい生活のパターンをつくった今では、こういったことはしばしば起こるだろうが）、次の真理を心にしっかりと刻みこんでおくことである。

「私は心から人々が好きであり、彼らに話すことが楽しみである。私は私の話を聞く人たちから好かれていることを知っているから、演壇では完全に落ち着いているし、私の考えは自由に流れ、しっかりした、そしてはっきりとした声で聴衆に話しかけるはずだ」

販売術を磨く

すべての人々の六〇％は、直接か間接に、生計を立てるための販売術に頼っている。

あなたはセールスの仕事に従事していないかもしれないが、人は販売術の原理を用いることが多いものである。たとえば、人を説得しようとする時はいつでも、あなたは販売術を用いているのだ。

もしあなたがセールスの仕事をしていて、顧客から顧客へと歩きまわっているのだったら、どんな態度で迎えられるだろうかとびくびくする代わりに、自己暗示の原理を自分に活用してみることである。胸を張って、しっかりとした足どりで、自分自身に向かって意識的にこう宣言するのである。

「私は偉大なセールスマンだ。私が顧客と話す時には、私が売っているものに彼の関心を引きつけるためには、何をどのように話したらよいかということがわかっているのである」

克己心を身につける

この本全体の本質となるのは、自分を支配することである。自分を支配するのは、肉体を支配することだけを意味するのではない。それは、精神をも支配することを意味している。というのは、精神がなかったら、肉体は死んだも同然だからである。

私たちはこれまでに、成功と幸福は意識の問題である、すなわち私たちは成功を実現する前に、まず何事も成功という見地から考えなければならないことを学んできた。それは同時に、状況を変えるためには、その状況に対する私たちの態度を変えなければならない、ということでもある。

意識とか自覚に関しては、この本全体を通していやというほど話してきたはずであるから、この問題に関する信念の言葉は、必要がないとも言えるかもしれない。しかし、時にはあなたがすでに持っている克己心をより大きくする必要を感じる場合に備えて、次に克己心に関する信念の言葉を掲げておこう。

「私は私という存在の主人である。私は、自分が考える思考、自分が行動することの主人である。克己心によって、私は絶えず上のほうに、前のほうにと進んでいる」

内気を克服する

もしあなたが内気を内気として受け入れるならば、内気を克服することは簡単なことである。こう言うと、はじめは少し信じがたいことのように思えるかもしれない。というのは、内気というものは、生涯を通じてその人にとっては最大の精神的な苦しみの原因となっているからである。簡単にいつでもそれが取り除けるということが本当だとしたら、あまりにも話がうますぎるように思えるかもしれない。しかし、これは本当なのである。

内気を克服することは、大部分はあなたの心を変える問題である。長年の間、あなたは自分は内気なのだという考えを持ちつづけていたことによって、自分をますます内気にしてきたのである。内気を克服するために必要なことは、あなたが、これまで自分が持ちつづけてきたものとは反対のものを持っている、という意識を打ち立てることである（こういったことは、あなたにはすでに当てはまらなくなっているかもしれない。もしそうだったら、どうかこの部分は無視していただきたい）。

あなたが内気であるにせよないにせよ、次の言葉を、朝も晩も、ゆっくりと、考え考え、何回も繰り返すことは、非常に役立つはずである。

「私はどんな人でも好きだ。私は人と一緒にいるのが楽しい。私は人と話をするのが好きだ。人を幸福にしてあげることによって、私も幸福になるのだ」

悩みとその克服法

悩みについての最も適切な定義は、「あなたが欲しないことの心の絵を持っていること」である。この本全体を通して、あなたは、自分が欲することの心の絵をつくり上げてきたはずである。

もしその悩みが何か邪魔をする問題に向けられているのであれば、ただそれを忘れるようにと助言することは、悩みよりもっと悲惨な結果を招くことになるかもしれない。少なくとも悩みは、問題の所在やあり方を示しているのだから、やるべきことは、悩みに対する建設的な代替物、すなわち悩みが精神的な固定観念として残っているのを許容する代わりに、その問題そのものを解決するようなものを見つけ出すことである。

次の信念の言葉は、単に悩みを解消するだけでなく、悩みを克服する手段を示す建設的な考えをもたらすはずである。

「私は、悩みの原因を解消してくれる力と知性の源泉に直接触れているのだから、私の精神は悩むようなことは決してない。私の潜在意識は、考えにおいても行動においても、悩みをなくす方向に私を導いてくれるはずだ」

著述家になる

「著述家になりたいのですが、でも私にはなれないことがわかっています」。私のところに相談にやってきたある女性がこう言った。

「何か自分のことについてでも書こうとなさったことがありますか」。私は丁寧にこう聞いてみた。

「それを書くことが何の役に立つのでしょうか。私には何の才能もないのですから」。彼女は断固としてそう言い張るのであった。

丸一時間もかかって、私は彼女の態度がものを書くあらゆる可能性を阻んでいるのだということを、この女性に助言をしてあげた。

私は彼女に、一つの方式、つまり自己暗示に基づいた暗示を与えてあげたのである。そしてそれから七か月後に、彼女は一編の小説を書いた。そして、今では作家として一本立ちしている。

次に掲げたのは、彼女に与えた信念の言葉であるが、もしあなたの心がものを書く仕事をしたいと思っているのであれば、それはあなたにも役立つはずである。

「私は書くのが好きだし、うまく書くこともできる。私の想像力は豊かだし、簡潔に、わかりやすく、面白く書く能力も持っているからだ。文章を書いている時は、私の考えは自由に、思いのままに流れ出る。私は巧みな著述家である」

最後に

あなたがしたいと思っていることが何であろうと、あなたはそれをすることができるという評価を自分自身に与えることである。そして、このような評価をあなた自身に与える最善の方法は、注意深く選んだ信念の言葉によることである。

次のような考えを持って毎日をはじめることだ。「今日はよい日になるはずだ。偉大な仕事をなしとげる日になるはずだ」

夜寝る前には、次のような考えを持って、あなた自身を正しい精神状態に置いておくことだ。「私はもう寝たいと思っている。衣服を脱ぎ、さっぱりとした心地よいベッドに入って、ゆったりとするのは楽しいことだ。私はすぐ眠りにつくだろう。そして平和に眠れるだろう」

あなたの意識は主人であり、あなたの潜在意識は使用人である。それは、あなたがするように言いつけたとおりに、どんなことでもするはずである。もしあなたが消極的な考えを持っているようであれば、あなたは潜在意識に、そのような考えを実現するように指示していることになるのである。そして、もしあなたが積極的で建設的な考えを持っているのであれば、その反対のことが本当となるのである。あなたは積極的な結果を得るはずである。

私はあなたと一緒にこの旅を楽しんできた……とてもとても楽しく。

〈著者略歴〉

B・スイートランド（Ben Sweetland）

アメリカ・サンフランシスコの臨床心理学者。創造的心理学の講座を複数の大学で担当し、ラジオ・テレビの講演者として、あるいは新聞・雑誌の人生相談の回答者としても活躍した。

〈訳者略歴〉

桑名一央（くわな・かずお）

東京大学法学部卒業。日本評論社を経て、ダイヤモンド社の出版部長としてビジネス書分野を開拓。のちに翻訳その他文筆活動で活躍した。一九八一年没。

▷本書は『信念をつらぬく』（弊社刊）を改題、再編集したものです。

私《わたし》はやる
——自分《じぶん》の中《なか》のありあまる富《とみ》を発見《はっけん》する方法《ほうほう》

二〇一八年一月二〇日　第一版第一刷発行

著　者　B・スイートランド
訳　者　桑名一央
発行者　矢部敬一
発行所　株式会社　創元社
〈本　社〉〒五四一-〇〇四七
　大阪市中央区淡路町四-三-六
　電話（〇六）六二三一-九〇一〇㈹
〈東京支店〉〒一六二-〇八二五
　東京都新宿区神楽坂四-三　煉瓦塔ビル
　電話（〇三）三二六九-一〇五一㈹
〈ホームページ〉http://www.sogensha.co.jp/
印刷　モリモト印刷　組版　はあどわあく

ISBN978-4-422-10039-5 C0011